自治体経営の生産性改革

総合計画によるトータルシステム構築と価値共創の仕組みづくり

玉村 雅敏【編著】
慶應義塾大学総合政策学部教授

公人の友社

はじめに

自治体は「生産性改革の時代」

自治体の改革には、様々な発想が持ち込まれ、次から次に実践がされてきた。そういった、いままで行われてきた改革の多くは「効率性」を向上させる改革である。

効率性とは、同じ「活動（アウトプット）」を提供するのに必要な資金や人員・組織といった「資源投入（インプット）」を出来るだけ減らしていく発想である。確かに、限られた資源を有効に利用するためには、効率を良くしていくことは重要である。

だが、一過性の改革として、効率性を追求することはあり得るが、常にやり続けることは無理がある。また、日本の自治体では、すでに効率性を追求する改革は、ひととおり手をつけている。たとえるならば、メタボを改善するのに、外科手術や投薬を行うことは一過性のこととして行うのはあり得るかもしれないが、それをやり続けると、そもそもの健康を損ねてしまう。必要とされるのは生活習慣の改善といった、日常の活動から改善し続けることである。

これからの自治体の改革においても、求められるのは日常的な活動から改善し続ける体質づくりであり、キーワードは「生産性改革」である。

自治体における「生産性」とは、インプットから生み出す成果（アウトカム）を出来るだけ増やしていくものである。

経済が高い成長率で拡大しているときは、財政支出や投資といった「資源投入（インプット）」を出来るだけ多く行うことで、社会課題の解決へと前進させるアプローチをとることが可能であった。

一方、経済の低迷や経済安定期になると、肥大化した資源投入量（財政支出や人件費）を削減することや、資源投入を少なくしながら活動（アウトプット）を提供する「効率化」の観点からの改革が行われてきた。

そして、現状は、長期にわたる経済低迷や生産年齢人口の減少の影響から、税収は減少する局面にあるが、すでに、財政支出を抑えることや効率化を追求する改革は繰り返し実施されてきている。自治体職員の数も絞っている自治体が多く、いわば、徹底的にダイエットを行ってきている。

この状況下で求められるのは、日常的な活動から改善し続ける体質をつくるための「生産性改革」である。自治体における生産性では、「資源をどれだけ使うか（インプット）」に着目をするだけではなく、「成果として何が実現したか（アウトカム）」を重視することになる。限られたインプットをもとに、試行錯誤を繰り返し、出来るだけ多くのアウトカムを生み出す、そういった体質やシステムを実現するのが生産性改革である。

慶應義塾大学玉村雅敏研究室では、全国各地の自治体からの委託を受け、これからの時代に適応する自治体のシステムを設計する協働プロジェクトを実践してきた。

具体的には、地域の脆弱性や行政システムの疲弊を克服するための自治体経営戦略の構築、自治体の戦略推進を支えるための総合計画の制度設計、分野別計画の総合化、行政経営システムのトータル化、住民幸福度の可視化・定量化、自治体経営の経営環境診断手法の開発、新たなタイプの予測データ（気候変動など）の活用モデルの開発、地域協働のシステムづくり、地域魅力を高めるブランドのあり方など、多種多様なシステムや手法の開発を行ってきた。

また、その対象は、平成の大合併を行った自治体、離島の自治体、中山間地域を抱える自治体、地方の中核自治体、大都市郊外の自治体など、多岐にわたる。

さらに、その研究開発の際には、全国各地で行われている、特色ある自治体経営や地域協働の仕組みづくりの実践についても、当該の自治体に協力を得ながら、調査研究を行った。

そこで共通するのは、これからの時代の自治体経営を実現するための、本書で言うところの「生産性改革」を行うための、手法やシステムを設計していることである。

本書は、自治体経営の生産性改革に関連して、玉村研究室と自治体とで協働で研究開発した手法やシステムの解説や、その具体的な実践から得た示唆、さらに、全国の実践事例の調査から見えてきた生産性改革の試行錯誤など、これからの自治体に求められる経営システムのあり方について解説をするものである。具体的には以下の3つの切り口から解説をする。

生産性改革①「行政経営の生産性改革―総合計画を起点としたトータル・システムの構築」

自治体の行政は、予算編成、評価、組織管理、目標による管理、人材支援・育成等、様々なシステム（仕組み）で動いている。

自治体では、様々なシステムが検討・導入され、運用されてきたが、個々のシステムは機能していても、システム間の連携やタイミングの調整、情報環境の共通化などがされておらず、全体としては、重複や連動性の悪さに直面していることも多い。

現在の自治体経営に求められているのは、個々のシステムの最適化ではなく、システムを全体として機能させることであり、現状を整理し、全てのシステムを同期させて機能するように再構築すること（＝トータル・システム化）が必要である。その結果として、システム全体が効果的に機能することとなり、「行政経営の生産性」を向上させることになる。

生産性改革②「行政計画の生産性改革―計画群の総合化と経営システムの連動化」

自治体の行政は、様々な計画群に基づいて動いている。大半の自治体が最上位に位置づける総合計画はもちろんのこと、分野別計画や個別計画など、様々な計画群を用意して、ＰＤＣＡサイクルを回している。全てが計画として必要かどうかは検討が必要であるが、行政は、根拠に基づいて活動をする必要があるため、様々な計画を立案することになりやすい。

自治体の規模や経緯などによって差はあるものの、分野別計画（個別計画）の実態を調査すると、おおむね約30～90程度は存在している。それぞれの分野別計画は、総合計画を最上位に位置づけていたとしても、計画の年限や計画改訂のタイミングはバラバラであったり、住民の関わり方や評価の方法もまちまちであったりと、計画群は連動しにくい状況にあることが多い。

それぞれの計画は、部分的には最適なものとして、成果を出すように活動しているが、設計上、それぞれの計画群が連動しているものとはなっていないため、自治体全体としては、インプットに対するアウトカムの生産性は低い可能性がある。そこで、「計画群の総合化」を行うことで、計画間の連動性を高めることや、重複をなくすこと、関わる職員や住民等の負担を下げることなどがあり得る。

また、自治体では、選挙を経て選ばれた首長が掲げたマニュフェストなどをいかに実現するかが問われることになるが、首長選挙のタイミングと、総合計画等の改訂のタイミングが揃ってなく、その反映が出来ないことも起こりうる。二元代表制のもとで、自治体の制度に従って議会での検討を行うことになるが、例えば、最上位の計画を総合計画とし、その議決事件を設定しているのであれば、どのタイミングで総合計画を改定するのか、また、総合計画と各種計画やシステムをどう連動させるかを設計することも重要である。

首長任期と連動させ、4年単位で計画周期を設定することで、民意を反映することなども行いやすくなる。こういった政策実現に関する生産性改革も一つの論点となる。

生産性改革③「地域経営の生産性改革―評価基盤の構築による価値共創の仕組みづくり」

地域の豊かさを生産性高く実現するには、多様な主体による自発的な活動が相互に影響し合っていく環境を実現する「地域経営」が重要である。

自治体は、往々にして、過去の経緯や置かれた環境をもとに経営をしているが、自治体の持続可能性に影響を与える脆弱性を検討しながら経営することも大切である。そのために、各種のデータをもとに、未来を多角的に予測することが必要である。

また、アウトカムを実現する生産性を高めるには、行政による試行錯誤のみでは限界がある。民間が持つ知見やイニシアティブが発揮され、行政と民間の効果的な役割分担と連携が実現することが重要となる。

本書は、こういった切り口から、自治体経営の生産性改革について、筆者が関与してきた実践事例をもとに、そのポイントを解説するものである。自治体経営の生産性改革に関する、様々な挑戦において、参考になれば幸いである。

２０２０年12月

玉村　雅敏

※　本書は、時事通信社『地方行政』にて連載をした「自治体経営の生産性改革（玉村雅敏・他）（２０１５年６月～２０１７年４月）」から一部の内容を抽出し、加筆・修正をしたものである。また、第３章と第８章は新たに執筆したものである。詳細は巻末の「初出一覧」を確認のこと。

[目次]

第1部
行政経営の生産性改革

――総合計画を起点としたトータル・システムの構築――

第１章　総合計画を核とした自治体経営のトータル・システム化
――合併後に肥大化した天草市の行政システムの改革

総合計画改定を契機に肥大化した行政システムを再構築

天草市（熊本県）は、２００６年３月に２市８町が合併して誕生した自治体である。人口は約７９０００人（２０２０年４月時点）で、熊本県では熊本市・八代市に次ぐ人口規模の自治体である。

天草市では、合併後の８年間に、92の個別計画が策定され、事務事業は約１４００となり、計画策定や行政運営に関わる審議会・委員会等は64組織（委員数のべ１２２７名）発足していた。合併に伴う必要性があったとはいえ、行政システムや事務事業は肥大化し、数多くの計画を維持・管理する事務や作業量も負担となっていた。

そこで、天草市では、新市建設計画と整合性が図られた第１次総合計画の期限が切れ、新たな総合計画を策定する機会を１つのチャンスと捉えることとした。

天草市の第２次総合計画の策定は、実質的には、２０１４年度の約10ヶ月で行われた。策定期間は短期間であったが、総合政策部の担当職員の尽力を基盤に、委託した玉村研究室の助言・支援のもと、市役所組織を7つに分けた部門（専門部会）が総合計画策定審議会に諮り、策定された。

第2次総合計画は、２０１５年からの8年間を計画期間とし、「基本構想（8年間）」「基本計画（前期・後期各4年間）」「実施計画（3年間）」の三層構造とした（図表1―1）。

まず、「基本構想」は理念体系として、まちづくりの基本理念やまちの将来像に加えて、地域が目指す姿である「市民が住み続けたいと思う環境指標」を掲げた。

そして、その実現を目指すための情報体系として「基本計画」を策定した。基本構想で掲げた基本理念や将来像を具体化するための、7つの部門経営方針と政策方針（政策がめざす姿）を掲げ、また、41の政策を設定した上で、92本の施策計画（＝個別計画）を位置づけた。

さらに、「実施計画」は行動体系の位置づけとして、総合計画と予算編成システム、事務事業を整合させ、毎年、内容の見直しを行う前提で、3年間の計画とした。

また、総合計画の序論で『「計画の総合化」や「行政システムの統合化」の指針を示し、総合計画を核とした自治体経営のトータル・システム化を進める』ことを示し、前期基本計画の期間内に、個別計画群の検証をした上で、統

図表 1-1　天草市の総合計画の構造

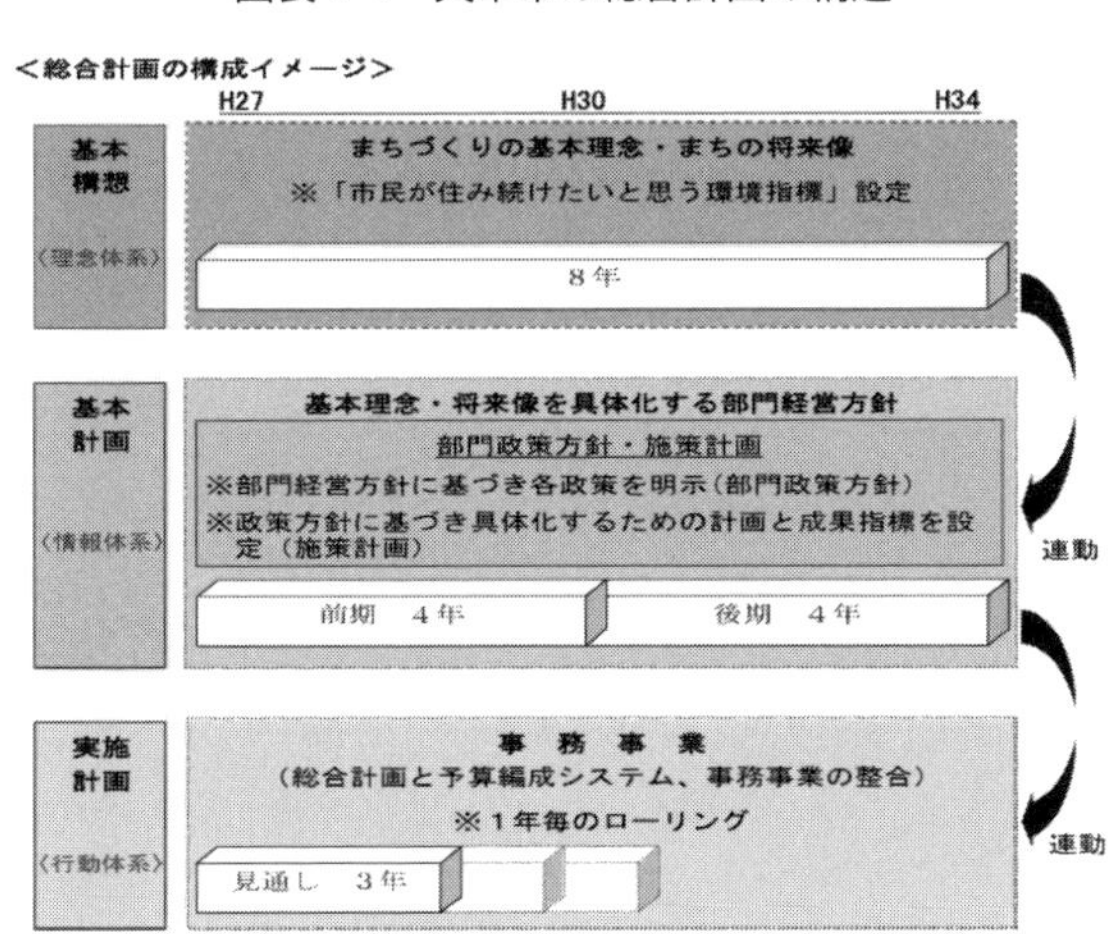

出典：第2次天草市総合計画

合化と体系化を行う方針とした。

この第2次総合計画は、その構成や指標、計画期間、策定と運用の位置づけなどについても工夫があるが、第1章では、トータル・システム構築について解説をする。

2つの切り口からのトータル・システム化

天草市では、2015年度に「自治体経営のトータル・システム化指針」を策定し、以下の2つの切り口からトータル・システム化を推進している。

①行政システムの統合化：各種の行政システム（予算編成、目標管理、評価システム、実施計画など）を、総合計画を中核に効果的に連動させるよう再構築する。

②計画の総合化：個別計画群の見直し・改訂を行い、総合計画の目標年次・期限・部門政策方針などと整合させる。

行政システムの統合化方針

天草市では、今後の税収減や地方交付税の削減等を見据え、限られた財源をより効果的に活用することを目指し、総合計画を中心として、各種の行政システム（予算編成、目標管理、評価システム、実施計画など）を再構築し、各システムが連動して機能することで、効率的かつ効果的な行政システムを機能させることとした。より具体的な方針としては、以下の7つの方針を掲げた。

方針①　総合計画を中心とした予算と評価の連動

方針② 実施計画の運用：ローリング方式・予算事業・ゼロ予算事業
方針③ 事務事業のスクラップアンドビルド
方針④ 枠配分予算に基づく実施計画兼予算要求書の作成と調整
方針⑤ 総合計画の進捗管理と評価
方針⑥ 総合計画と財政規律の連動
方針⑦ 行政システムに関わる年間スケジュールの連動化

天草市の「自治体経営のトータル・システム化指針」において、この7つの方針それぞれについて、以下の通りの実施内容を設定した上で、実際に取り組んでいった。

方針① 総合計画を中心とした予算と評価の連動

(1) 実施計画と予算要求書の統合

総合計画の「実施計画書」と予算編成時の「予算要求書」を共通化・統合化し「実施計画兼予算要求書」とする。

(2) 総合計画を中心とした評価・点検システム

①ローリング方式（＝現状の評価を行いながら、3～4年の計画を毎年立案する方式）での進捗管理を担う総合計画の「実施計画」と、予算編成時の「予算要求書」を連携させる「実施計画兼予算要求書」を用いて、事業の検証・評価、組織の目標管理、事務事業のスクラップアンドビルドなどを行う。

②「基本構想」で設定した「環境指標」の実現を目指した行政システムを構築する。「環境指標」の実現

を目指し、「基本計画」で政策の施策計画ごとに成果指標を設定し、さらに、各部門が「実施計画」で事業の活動指標を設定する。これらの指標は、組織の目標管理にも利用する。

(3)「実施計画兼予算要求書」を用いた予算要求

① 各種指標を用いて、総合計画の現状の評価・点検を実施した上で、「実施計画兼予算要求書」を作成し、予算要求を行う。

方針② 実施計画の運用：ローリング方式・予算事業・ゼロ予算事業

(1) 実施計画の構成

①総合計画に基づく実施計画は３年計画とし、毎年度、３年先を見据えたローリング方式とする。なお、実施計画の各事業には活動指標を設定する。

②実施計画は基本計画を実現するための手段・手法であり、その活動や事業を定めたものであるため、予算を用いる「予算事業」以外にも、「ゼロ予算事業（職員人件費のみで行われている事業（通常の業務など））」も対象とする。

方針③ 事務事業のスクラップアンドビルド

(1)「環境指標」を実現するための事務事業

①総合計画の基本構想で定めた「環境指標」が８年後の到達点である。従って、実施計画の事務事業は、既存の事務事業を抽出して並べるのではなく、ゼロベースで点検した上で、効果的な事務事業を検討して設

定をする。

(2)　事務事業のスクラップアンドビルド

①　毎年、「実施計画兼予算要求書」を作成する際には、全事務事業を検証・点検し、効果が乏しい事務事業等のスクラップアンドビルドを徹底する。

方針④　枠配分予算に基づく実施計画兼予算要求書の作成と調整

(1)　枠配分予算と事業費

①　枠配分予算方式（＝部（局）等に予算枠を示し、その範囲での予算要求であれば、共通の改善方針による事項やヒアリング対象事業等を除いて、原則として、個別事業の査定は行わない方式）を導入する。その目的は、事業を担う各部（局）等での実感に基づく、自主的な事務事業のスクラップアンドビルドの促進、効率的かつ効果的な行政運営の実現、各部（局）等の自主性・自律性の確保と職員のコスト意識の向上、財政規律の実現などを図るためとする。

②　「実施計画兼予算要求書」は、各部（局）等ごとに作成する。予算要求額は、各部（局）等に配分された予算枠の範囲内に収まるように調整することとする。

※　枠配分予算は、まずは部（局）等の単位で検討するが、計画や組織の連動性を高める観点から、後期基本計画までには、部門単位での検討や調整する仕組みを検討する。

(2)　提出書類と調整

①　政策的事業に該当する事業を対象に「実施計画兼予算要求書」を作成し、政策企画課へ提出する。

②資料提出後、政策企画課と財政課との協議の上、ヒアリング対象事業を通知する。
③政策企画課、財政課、総務課による「総務・総合政策部ヒアリング」を実施する。

方針⑤総合計画の進捗管理と評価

(1)　評価の仕組み

①毎年度末に実施する「市政に関するアンケート」や各種統計等の現状値データを参考に、翌年度、各部（局）等において総合計画の進捗管理および評価を実施する。
その結果に基づき、当該年度の事務事業の改善や次年度以降の「実施計画兼予算要求書」作成時に重点的に取り組むべき事務事業を検討する。
②「総合政策審議会（総合計画策定審議会と行財政改革審議会を統合）」において、アンケートや統計等のデータをもとに、今後、重点的に取り組むべき分野などの意見等を聴取し、総務・企画専門部会において実施計画及び予算編成方針等の検討材料とする。

(2)　行政評価・事務事業評価の一元化

①従来の行政評価、事務事業評価など、類似の機能を持つ全てのシステムは、総合計画を中心とした評価体系に一元化する。

方針⑥総合計画と財政規律の連動

(1)　枠配分予算方式による財政規律の徹底

①今後、天草市の財政は逼迫化が予測されることから、限られた財源を効率的かつ効果的に利用するために、枠配分予算方式を前提に、自律的な財政運営を行うことを通じて、財政規律の確保を図るものとする。

(2)　総合計画と連動する財政計画の策定

①前期・後期の基本計画期間と合わせて、歳入・歳出予測、財政状況を示す基金残高、市債残高などの目標設定値からなる財政計画を策定する。

方針⑦ 行政システムに関わる年間スケジュールの連動化

① 年間スケジュールの連動化

「行政システムの統合化」として、評価・目標設定・重点化・予算化・事務事業実施・進捗管理などを効果的に連動させるため、年間スケジュールを整理する。

②これまでに運用してきた行政システム（総合計画の評価、組織目標の点検・評価、行財政改革の目標評価、年度予算編成方針、予算案策定など）を、総合計画の運用を中核に整理統合し、連動させる。

③市長・副市長・教育長・部（局）長および支所長による庁議において総合計画の進捗確認や、次年度の重点政策事業等の方針決定などが可能となるシステムを構築する。

④年間スケジュールは、部門（部・課・係）における目標管理や調整機能を効果的に発揮出来るものとし、部（局）等内での検討（例：総合計画の評価・点検、実施計画兼予算要求書の検討、枠配分予算の検討）する日程を勘案したものとする。

天草市では、こういった7つの方針のもと、「行政システムの統合化」を進めている。

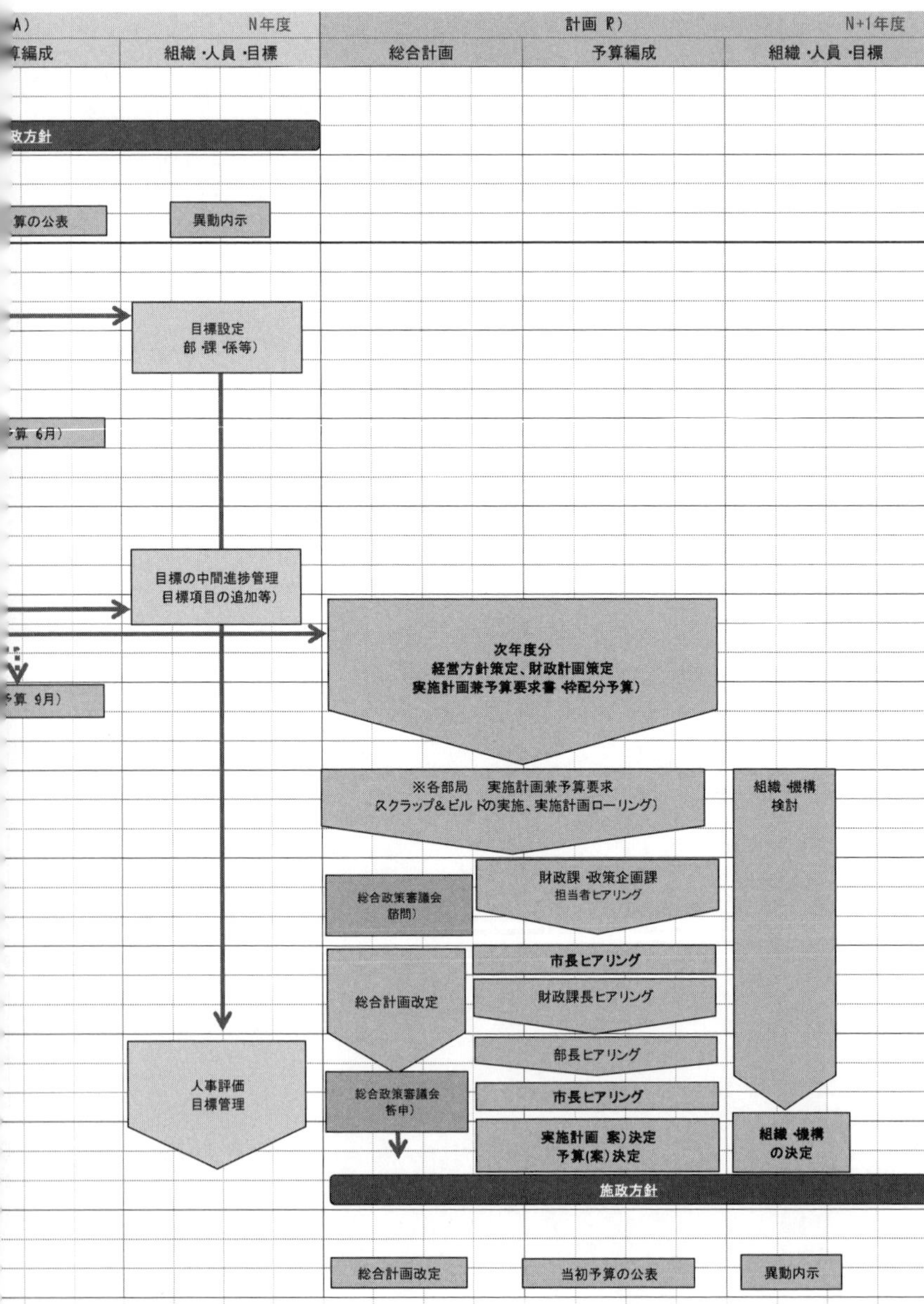
A）
N年度
計画（P）
N+1年度
算編成
組織・人員・目標
総合計画
予算編成
組織・人員・目標
政方針
算の公表
異動内示
目標設定
（部・課・係等）
算（6月）
目標の中間進捗管理
（目標項目の追加等）
次年度分
経営方針策定、財政計画策定
実施計画兼予算要求書（枠配分予算）
算（9月）
※各部局　実施計画兼予算要求
（スクラップ＆ビルドの実施、実施計画ローリング）
組織・機構
検討
総合政策審議会
（諮問）
財政課・政策企画課
担当者ヒアリング
総合計画改定
市長ヒアリング
財政課長ヒアリング
部長ヒアリング
人事評価
目標管理
総合政策審議会
（答申）
市長ヒアリング
実施計画（案）決定
予算（案）決定
組織・機構
の決定
施政方針
総合計画改定
当初予算の公表
異動内示

図表 1-2　第 2 次天草市総合計画　運用プロセス（2017 年 2 月現在）

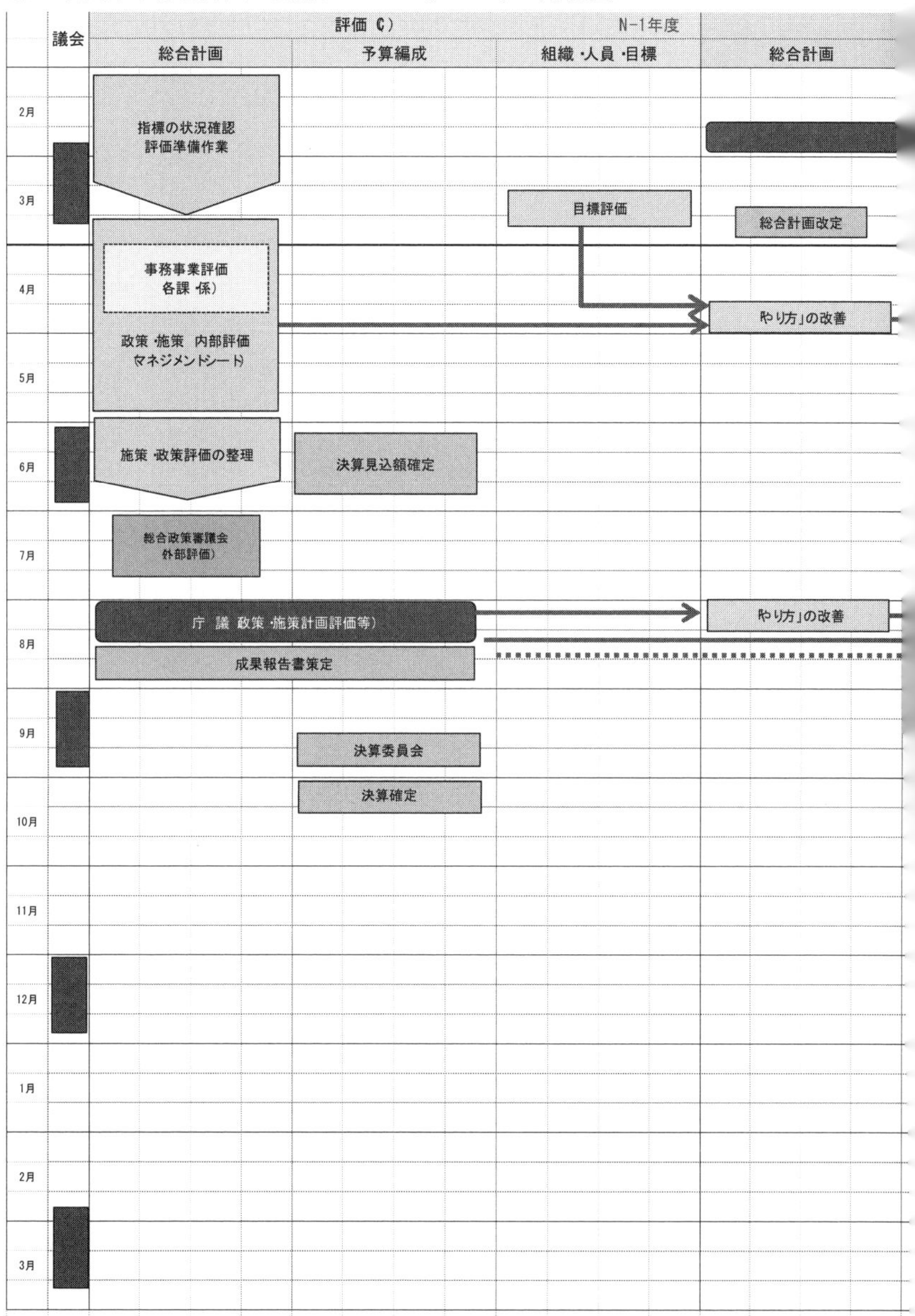

行政システムの年間スケジュールの連動化

天草市では、「トータル・システム化指針」に基づいた試行錯誤を通じて、各種の行政システムを連動・統合させて、共通の年間スケジュールで運用している（図表1—2）。

なお、この年間スケジュールは、天草市の政策企画課・財政課・総務課とアドバイザー（玉村・長瀬）によって、月1回程度、定期的に開催する総務・企画専門部会にて、継続的な検討と運用の試行錯誤を繰り返しながら、修正と改善をし続けている。

評価指標を基に「3つの改善」を実施

天草市のトータル・システムは、根拠となるデータ収集から始まる。

まず、基本構想の「市民が住み続けたいと思う環境指標」と、基本計画の「成果指標（アウトカム指標）」、実施計画の「アウトプット指標」といった総合計画の各種指標の現状値を把握する。

この現状値は、基本的には各課で把握することになるが、作業の重複や手間等を減らすために、市民への調査は政策企画課で一括して行うこととしている。こういったデータ収集後、「評価」を行うことになるが、外部評価を担う総合政策審議会（総合計画策定審議会と行財政改革審議会を統合した組織）は、「三つの改善」についての検証を行う方針を掲げている。具体的には「①やり方の改善」「②やることの改善」「③指標の改善」である。

各課や専門部会（総合計画の体系に沿って7つ設置）にて、この「三つの改善」を行う内部評価と実際の改善を行った上で、総合政策審議会にて、その内容を検証する外部評価を行うこととしている。また、市議会において、総合計画の進捗状況、活動指標の結果を報告している。

基本構想の実現状況を評価して改善を促進

すべての事業において、評価と改善は重要ではあるが、天草市の総合政策審議会では、特に、基本構想で掲げる、地域が目指す姿である「市民が住み続けたいと思う環境指標」が目標値に向けて前進していないもの・悪化しているものについては、地域が目指す姿の実現に向かってないことを意味しているため、「やり方」や「やること」の改善を施しているのかについて、重点的に説明を求めることとした。また、特に改善は施さずに、これまでどおりで良いというのであれば、その根拠を示して、説明責任を求めることとした。

こういった運用を行うのが、図表１—２の左側の「評価（C）」の列である。

実際に、天草市では、現状値として、基本構想の「環境指標」22個のうち、「悪化」または「現状維持（＝目標に向けて前進していない）」であるものについては、重点的に「三つの改善」に関する検討（＝内部評価）と改善の実施をすることとし、その改善に関する検討と実施の状況について、７月頃に開催する審議会で、担当部門長による説明（プレゼンテーション）を実施し、外部評価を行っている。

当該年度の改善を行う「やり方の改善」

自治体経営における評価は、その評価結果を反映するのは予算編成の段階となりがちである。

この場合、予算編成をＮ年度に行うとすると、評価に用いる情報はＮ—１年度の情報であり、反映するのはＮ＋１年度になる。２年前の情報であるため、情報の鮮度は落ちており、結果として、効果的な改善とはならない可能性もある。

そこで、天草市では、Ｎ年度の改善も重視することとした。それが「①やり方の改善」である。例えば、どのようなターゲットに事業を実施するのか、どういった情報の伝え方をするのか、どの時期に事業を行うのか…など、事業の実施においては「やり方」も重要である。すでに予算が付いている事業だとしても、こういった「やり方の改善」を行うことで、より成果を達成できる可能性がある。

「総合計画の評価」と「組織目標の評価」に基づく目標設定

天草市では、総合計画と事務事業体系は一体化しており、また、予算編成も連動しているため、総合計画の評価は、事務事業評価や政策・施策の評価と一体化したものとなっている。

また、毎年3月に、現組織体制のもとで推進してきた、年度はじめに設定した部・課・係の「組織目標（総合計画の推進に関する目標と、組織の事務に関する目標）」の評価を行い、引き継ぎ事項として継承することとしている。そして、4月には、部長が部の組織目標を示し、課・係が部の目標設定を踏まえ、それぞれの組織目標の設定を行う仕組みとしている。

「総合計画の評価（内部評価）」と、「組織目標の評価」を踏まえて、新年度の新組織のもとで、「やり方の改善」と、その改善を念頭に据えた部・課・係等の「目標設定」を行っていくものとしている。

やり方の改善を踏まえた「やることの改善」

図表1—2の右側の「計画（P）」の列にあたることであるが、これまで解説した内部評価・外部評価、さらに、実際の「①やり方の改善」の経験も踏まえて、総合計画で掲げた目標の実現へ向けて、そもそもの「やること（事務事業）」が妥当かどうかを検証した上で、「②やることの改善」を行うこととしている。

天草市では、こういった検証プロセスを、次年度（N＋1年度）へ向けた予算編成のプロセスとすることを目指している。

その際には、まず、内部評価・外部評価の結果として、「成果報告書」で示された評価結果は、次年度の経営方針策定や財政計画策定に反映することとしている。

そして、各課では、その内容を踏まえた「実施計画兼予算要求書」を策定し、総合計画の部門ごとに設定された7つの専門部会での検討も行うこととしている。

天草市では、総合計画（基本計画）に記載されていない計画や事務事業は予算化が原則出来ない仕組みになっており、実施計画には、予算を伴う事務事業はすべて記載する仕組みとなっている。

そのため、評価結果や実施計画兼予算要求書の策定を踏まえて、基本構想を実現するために必要であれば、基本計画の改定を行うこともあり得ることとしている。それは、予算編成と同期して総合計画の実施計画を策定しているため、予算の議決と同時に行うことを想定している。

気づきを得やすくするための「指標の改善」

こういった運用を行っていくと、指標としてモニタリングする項目自体の妥当性が課題となることもあり得る。

例えば、技術的に2年前の数値しかとれないのであれば、N年度の「やり方の改善」やN＋1年度の「やることの改善」に用いるのは無理が出てくる。また、指標を追加した方が、より示唆を多く得られることもあり得る。

そこで行うのが「③指標の改善」である。「やり方の改善」や「やることの改善」を行う中で、「③指標の改善」の必要性が出てきたものは、総合政策審議会に諮った上で改善をしていくこととしたのである。

継続して悪化しているものは集中的に改善

天草市の総合政策審議会では、指標の経年変化をもとに、「A．継続して悪化」「B．前進していない」「C．このままでは目標が実現しない」といった傾向が示されたものについては、「三つの改善」について、より深く報告を求めることとしている。特に「A．継続して悪化」に関するものは、目標とは逆方向に継続して向かっているため、これまでのやり方ではない、スクラップアンドビルドについての説明を求めることとしている。

このように、天草市では、総合計画の目標を実現することがめざすべきことであり、そのために、総合計画の中心に、各種の行政システムを統合化・連動化をしている。その結果、行政システム（予算編成・目標管理・評価システム・実施計画など）間の重複が削減され、また、活用する場面や役割が明確であるものであるため、現場の負担感も削減されている。

天草市総合計画の改訂（**後期基本計画の策定**）（**２０１９年３月**）

天草市総合計画（２０１５～２０２２年）の後期基本計画（２０１９～２０２２年度）の策定時期を踏まえ、２０１８年に、総務・企画専門部会を中心に８つの専門部会が連携して総合計画の改訂を行う際に、次のような「総合計画改訂の視点」を整理した。

方針① 合併特例交付金の段階的縮減に伴う財政規律の徹底

歳入全体の約40％を占める普通交付税が、２０１６年度から段階的に縮減し、２０２１年度には、２０１５年度と比較して、約４５億の歳入減額が見込まれる。

２０１８年度総合計画の見直しにあたっては、財政逼迫を未然に防止するため、歳入・歳出総額のコントロール、事務事業のスクラップアンドビルドの徹底と財源の効率的配分、公共サービスの効率的供給を勘案した、歳入に見合う財政運営を推進する。

方針② 行財政改革に関連する計画等の統合と総合計画との連携強化

財政逼迫を未然に防止するため、事務事業のスクラップアンドビルドの一層の推進、公共サービスの効率的供給、組織・職員の生産性の向上と総合計画を中心としたトータル・システムとの一体的運営を強化する。

そのために、行政経営に係わる行財政改革大綱、財政健全化計画、定員適正化計画、アウトソーシング推進指針、自治体経営トータル・システム化指針を統合・総合化した「天草市行政経営改革大綱」に変更する。

方針③ 総合計画体系の指標の改善と、分野別計画との整合

「市民が住み続けてみたいと思う環境指標」としての象徴的指標の達成状況に基づき、後期4年間に達成を目指すことを基本に、必要に応じて施策計画の成果指標の見直し、追加を行う。また、新規に策定する必要がある分野別計画については、基本計画・施策計画に反映させる。

方針④　７部門から８部門への分割

天草市総合計画のスタート時において、７部門制（産業経済部門、観光文化部門、地域振興・教育部門、保健・医療・福祉部門、生活環境・防犯防災部門、都市基盤整備部門、総務・企画部門）をとってきた。総合計画の改訂にあわせて、特に、住民主体の地域づくりの推進や住民と行政との協働の推進、業務領域の関連性の薄さを勘案し、「地域振興・教育部門」を「地域振興部門」と「教育部門」に分割し、政策施策を推進する方針とする。

方針⑤　総合計画をもとにしたＳＤＧｓ推進計画

天草市総合計画は、まちづくりの基本理念に基づき、５つのまちの将来像を掲げ、市民と行政が共有し、協働により実現を図ることとしている。

「まちの将来像」の実現に向けては、実施組織となる8部門の部門経営方針の下に、43の政策、97の施策を定め、数値目標を設定し、事業の実施・評価・検証・改善を実施する取り組みをしている。

この天草市総合計画は、国際社会全体で持続可能な開発目標（ＳＤＧｓ）の目指す17の目標と目指すべき方向は同様であることから、総合計画の推進を図ることでＳＤＧｓの目標に資するものとして位置づけることとした。

総合計画の経常的な見直しの定着

天草市では、トータル・システムの発想のもと、総合計画は、毎年でも変更をすることとしている。具体的には、毎年、11月頃の総合政策審議会にて、各種の分野別計画の策定・改訂などを検証した上で、１月頃に開催される総合政策審議会にて、総合計画（基本構想・基本計画）の見直しや変更についての審議が行われる。その結果を踏まえ、市議会に天草市総合計画を変更する議案を上程する仕組みとなっている。

なお、総合計画の変更となるのは、主に次の3つの場合を想定している。

①分野別計画の新規策定・改訂

分野別計画の新規策定・改訂により、総合計画の基本計画に記載されている内容を変更せざるを得ない場合、基本計画の政策や施策計画の改訂を行う。

②政策・施策計画の中止・取り止め

基本計画に記載されている政策や施策計画が、社会経済状況の変化により、中止・取り止めとなる状況が生じた場合、基本計画の政策や施策計画を見直す。

③指標の改善

基本計画の指標及び指標の測り方の改善、追加など生じた場合は、指標を見直すこととする。

第1章では、天草市において推進されてきた、総合計画を核とした自治体経営のトータル・システム化について解説をした。なお、これまで述べられた事項は、改善を図りながら取組まれている。第7章では、天草市において実施された、各種の分野別計画からなる計画群を総合化・連動化させるトータル・システム構築について解説をする。

第２章　総合計画の構築・運用を通じた総合的な行政経営システムの実現

―まちづくり基本条例を具体化する「鈴鹿市総合計画２０２３」

総合計画でまちづくり基本条例を具体化

鈴鹿市（三重県）では、その条例体系の最上位に「鈴鹿市まちづくり基本条例」を位置づけている。総合計画は、その理念を具体化するための中長期的・総合的な計画であり、また、まちづくりを進める上で最も重要な計画としている。

この「まちづくり基本条例」は２０１２年12月１日に施行されたため、その後に改定期を迎えて、策定されたのが「総合計画２０２３」である。この総合計画は、計画期間８年とし、その名称のとおり、「２０２３年にめざすべき鈴鹿市の姿」などを掲げ、その内容を基盤に行政経営の仕組みを整えていき、トータル・システムを構築することを目指している。

その構成は、基本構想・基本計画・実行計画としている（図表２―１）。

基本構想は、「都市ビジョン」を示すとともに、基本計画以下の推進のための「政策的指示書」としているものであり、８年間の計画として、市民と行政が協働してめざす、まちづくりの方向性を示すものとした。

具体的には、５つの「将来都市像を支えるまちづくりの柱」を掲げるとともに、この５つの柱の推進を支える基礎となる、鈴鹿市全体の自治力（市民力、行政力）の向上をめざすための「自治体経営の柱」で構成されている。さらに、この６つの柱を踏まえて、25の「めざすべき都市の状態」と、それぞれが８年後にめざす数値目標を設定している。

基本計画は、基本構想の実現に向けて、前期・後期それぞれ４年間に、各分野において取組む具体的な方向性を掲げるものとした。

図表 2-1　「鈴鹿市総合計画 2023」の体系図

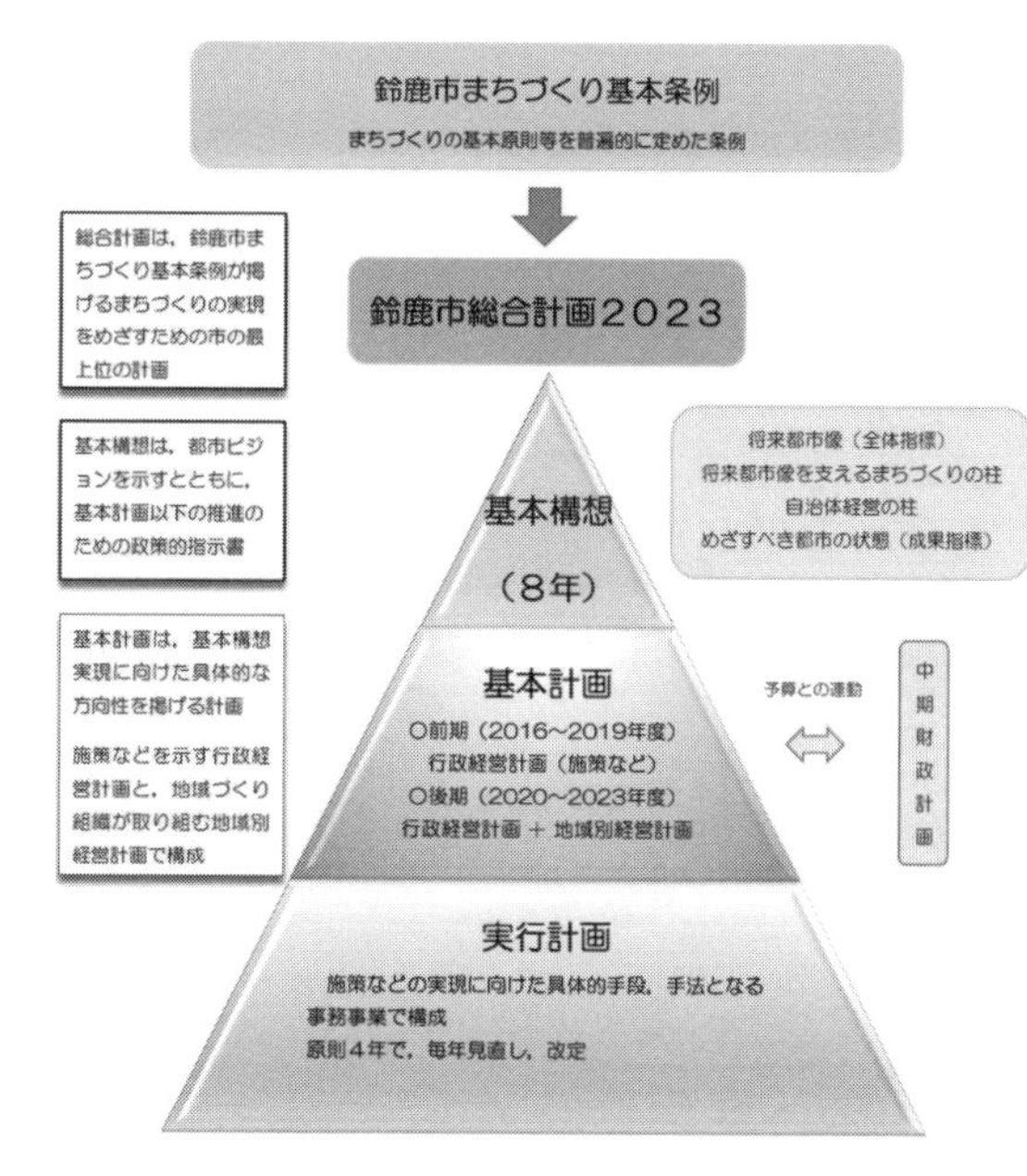

出典：鈴鹿市総合計画 2023

実行計画は、基本計画で定めた各分野の施策等の具体的な方向性に基づく、個別の具体的な事業計画であり、基本計画の期間と同様に、原則４年間の計画とし、毎年の見直しと改訂を行うものとした。

計画期間は４年の倍数

基本構想の計画期間は、市長の政策などとの整合を図るため、市長の任期を考慮して、２０１６年度から２０２３年度までの８年間とし、鈴鹿市まちづくり基本条例がめざす、まちづくりの基本原則などに基づき、８年後に達成すべき鈴鹿市の将来都市像を定めて取り組んでいくこととした。

そして、基本計画は、基本構想に掲げた将来都市像などの実現に向けて、様々な分野における取組の具体的な方向性を、前期・後期に分けて定めることとし、市長の任期を考慮して、計画期間はそれぞれ４年間とした。

さらに、実行計画は４年とし、毎年見直しをするものとしている。具体的には、実行計画は、基本計画で定めた様々な分野における取組の具体的な方向性に基づき、個別の実施手段や事業費、スケジュールなどを示す事務事業で構成しており、計画期間は４年とし、短期間での社会経済情勢の変化や、

図表 2-2 「鈴鹿市総合計画 2023」の計画期間

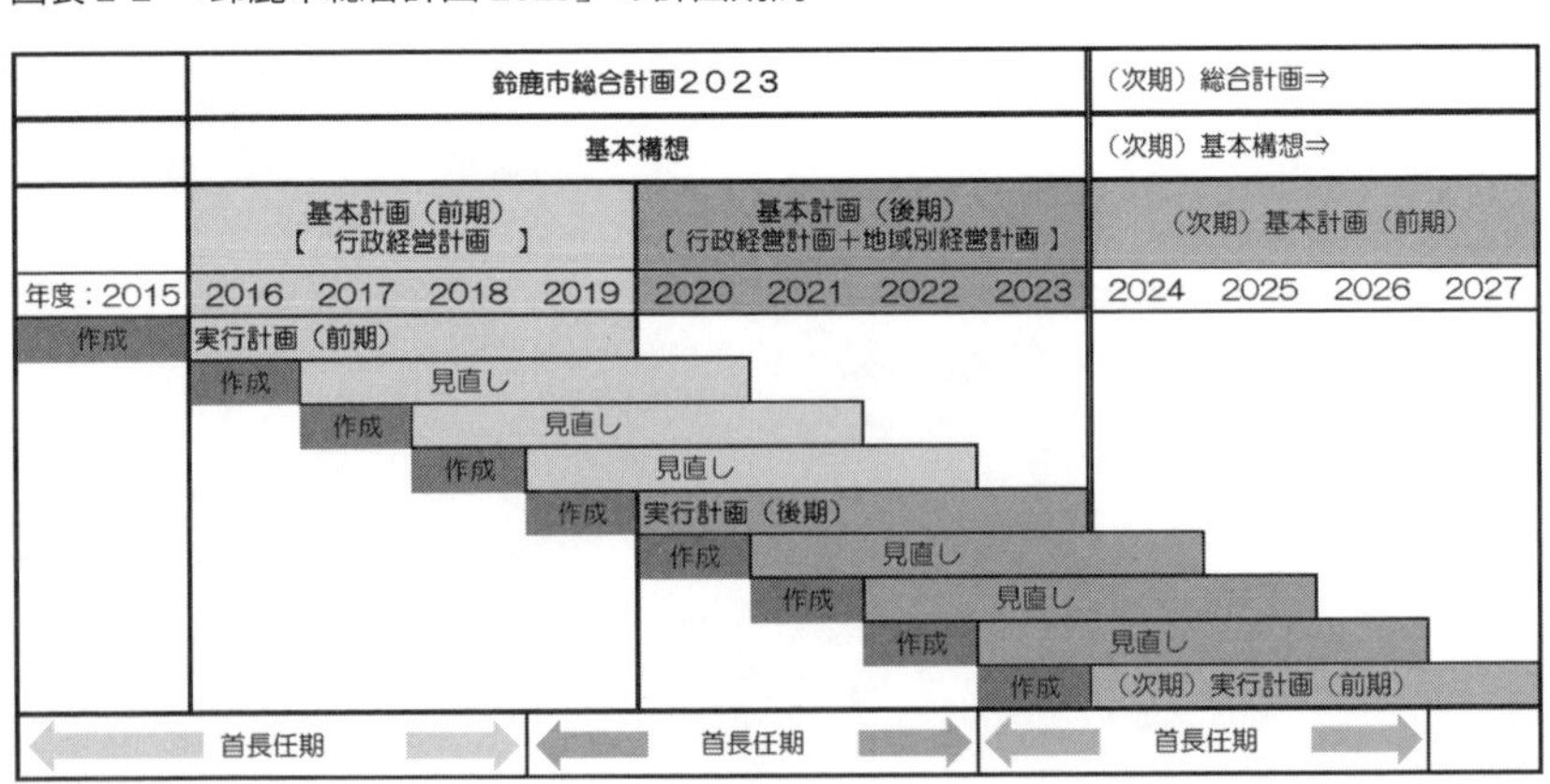

出典：鈴鹿市総合計画 2023

実施結果に基づく成果を検証しながら、毎年見直しをするものとした（図表２―２）。

将来都市像の実現を図るための成果指標

鈴鹿市総合計画２０２３では、将来都市像の実現を図るために、成果を確認しながら運用していく仕組みとしている。

具体的には、基本構想では、先述したように８年でめざす将来都市像に対する基本的なまちづくりの方向性として、「将来都市像を支えるまちづくりの柱」と「自治体経営の柱」を定めているが、そのめざす状態をさらに具体化し、市民と行政との協働によってめざす８年後の目標として、都市のビジョンである「めざすべき都市の状態」を掲げている。

そして、将来都市像の達成度を総括的に測る成果指標と「めざすべき都市の状態」の達成度を測る成果指標を設定し、その進行管理を行う仕組みとしている。

基本構想は政策的な指示書

基本構想は、鈴鹿市のビジョンを示し、成果を確認しながら、将来都市像の実現を図っていく役割を担うほか、個別分野の計画との関連や整合性を図り、基本計画や実行計画を含めた総合計画全体の運用を効率的・効果的に進めるための政策的な指示書としての役割を担うものとした。

そして、総合的な行政経営システムの構築に関わる方向性についても示した。具体的には、基本計画や実行計画にも、それぞれ目標数値を設定し、基本構想の実現に向けた進行管理を行っていくといった運用や評価の方向性や、基本計画の施策体系と、個別分野の計画等の関連付けや整合を図る方向性、予算や行財政改革など行政マネジメントシステムの構築に関して、個々のマネジメントシステムを総合的に推進するための基本的な方向性などを示している。

行政経営のための基本計画

基本計画は、将来都市像などの実現に向けて、行政が責任を持って取り組むべき施策などを取りまとめた行政経営計画とした。ここでは、行政組織と計画の一体化を念頭に、行政の各組織がめざすべき都市の状態に対して、ミッションを設定し、そのミッションの実現のために組織が行う施策などを設定している。

また、施策などには、それぞれ目標値を設定し、活動の具体的な成果を評価・検証し、次の取組につなげる仕組みとしている。

実行計画は具体的な事業計画

実行計画は、基本計画に定めた各分野の施策等の具体的な方向性に基づく、個別の具体的な事業計画とし、予算との連動を想定している。

また、基本計画に基づき、原則４年間の計画とし、毎年見直しと改訂を行うものとしている。

計画体系の総合化による効率的な行政経営

鈴鹿市では、総合計画は、まちづくりの基本原則を定める鈴鹿市まちづくり基本条例がめざす「住みよいまち」を具現化するための最上位計画であり、鈴鹿市が進めるまちづくりは、総合計画の基本構想と基本計画が定める方向性に基づき行われることとしている。

一方で、他の自治体同様に個別分野においても各種の計画が策定されている。こういった個別分野の計画は、基本計画が定める分野ごとの取組の方向性に則り、具体的な取組を推進するための手段や手法を定めた計画として位置づけることとし、総合計画で掲げるまちづくりの方向性と連携を図りながら、一体的にまちづくりを推進していくためのものとして位置付けた。

実情として、多くの個別分野における計画が存在しており、それぞれの計画策定の時期が異なるため、計画策定の背景や問題意識に差が生じ、総合計画と個別分野の計画の取組の方向性が必ずしも一致していないことも起こりえる。

そこで、一体的なまちづくりを推進していくために、前期基本計画の４年間で、個別分野の計画の取組方針・内容・目標・期間が、総合計画の方向性に合致するよう、整合を図っていくこととした。さらに、後期基本計画においては、全ての分野において計画体系の総合化が実現するよう取組を推進する方針としている。

総合計画を起点とした総合的な行政経営システムの構築

鈴鹿市では、簡素で効率的な行政経営をめざして、２００３年度以降、行政評価、行財政改革、人事評価などの各種システムを導入するなど、行政マネジメントのための取組を進めてきた。

これらの取組により、市民への説明責任の向上や、取組成果の把握に基づく事業改善、組織における目標管理の適正化など多くの成果を上げてきている。

しかし、個々のシステムは機能していても、全体としての成果が分かりづらくなるなどの課題も生じていた。

そこで、前期基本計画の４年間で、総合的な行政経営システム（＝トータル・システム）の構築に取り組むこととした。

また、総合計画は、行政経営システムで用いる情報体系である。そこで、総合計画の策定時には、行政経営システムにおける共通の情報基盤として評価の仕組みを整えることとした。具体的には、基本構想に成果指標を設定し、基本計画以下の評価体系と一体的に評価できる仕組みを構築した。また、基本計画でも、成果指標を設定し、実行計画に位置付ける事務事業と連動した評価体系を構築した。

そして、毎年、事務事業の実施結果を基に、施策の達成度を検証するとともに、次年度の事務事業の内容や実施方法を点検し、見直しを行いながら、予算配分の適正化を図ることとした。具体的には、行政経営のＰＤＣＡ（Plan→Do→Check→Action）サイクルである、季節ごとに行うシーズンレビューや予算編成プロセスと連携させた進行管理を行うこととし、その設計と実装を推進している。

計画と組織の連動化

総合計画に基づくまちづくりを効率的に推進するためには、計画と組織の連動が必要である。また、各分野を担う組織が、施策などの推進の目標管理を行っていく必要がある。そこで、職員のコスト意識や市民サービス向上意識の醸成、政策形成能力向上に向けた人材育成、施策などの推進に向けた適正な職員配置などのための仕組みの構築と平行して、計画と組織の連動化を図っている。

また、総合計画の推進には、基本計画の４年間における歳入・歳出を予測し、財政的な裏付けの下で、施策などを効果的に進めていく必要がある。そこで、基本計画の策定に併せて、中期財政計画を策定し、財政的な見通しを明らかにした上で、戦略的・重点的な取組に対して優先的に予算配分するなど、財源の効果的な配分に努めることとした。また、計画的な事業の推進に当たっては、将来に向けて過度に負担が生じないように、かつ、財政が逼迫するような事態が生じないように、財政的な規律を設け、総合計画と予算との連動を図ることとした。

協働によるまちづくりの推進

基本構想に掲げた将来都市像は、市民と行政が協働して活動した結果として実現されるものである。そのため、まちづくりに関わる多くの主体が力を合わせて取り組み、地域の実情や特性を熟知した市民主体のまちづくりが重要となる。また、それぞれの主体が担うまちづくりの分担領域を再構築し、継続的に責任を持って担っていく必要もある。

そこで、鈴鹿市では、総合計画の策定と平行して、２０１５年４月に「鈴鹿市協働推進指針」を策定し、協働についての考え方や協働のルールなどを定めた。この指針に基づき、市民と行政との協働のみならず、それぞれの主体同士の協働も促進し、将来都市像の実現をめざして、協働によるまちづくりを進めていくこととした。

計画策定のための三つの経営環境診断

鈴鹿市では、総合計画の策定にあたって、①未来予測、②トータル・システム診断、③個別計画群の点検、といった３つの「自治体経営の経営環境診断」を行った。

まず、総合計画の策定にあたり、庁内に８つの部門を設定し、人口の将来予測データ等を基礎要因に、42の切り口から未来予測を行い、直面する可能性があるリスクや課題を把握した（図表２―３）。

また、総合計画の運用を担うことになる、各種の行政システムの現状や連動状況を把握するために、（公財）日本生産性本部による「トータル・システム診断」を実施した。その結果、個々のシステムは機能していても、システム間の連携が取れていないことや、似た役割を持つシステムが重複していることなどが示された。

さらに、個別計画群の点検を行った。鈴鹿市では、76の個別計画が策定されてきたが、総合計画との計画期限・内容の整合や役割分担・連携がとれていないなどの計画群の実態が明らかになった。

これらの診断や点検を踏まえて、まちづくり基本条例を受けた、もっとも重要な計画の位置づけにある総合計画の策定と、その運用を行うことを重要なきっかけと捉え、各種の行政システムや計画群が連動して機能するように再構築した総合的な行政経営システムを機能させることとした。

図表 2-3　鈴鹿市経営環境分析における未来予測

部門	経営環境診断に基づく未来予測
1　行政経営部門	鈴鹿市の人口推移及び今後の予測、20-39歳女性の推計、歳入・市税の推移、地方債残高の推移及び基金の状態、高齢化と社会保障費の関係、定員管理上の正規職員数、再任用職員数、職員の年齢構成
2　自治協働部門	自治会加入率、空き家数・空き家率、自治会加入率
3　子ども・教育・文化部門	0-4歳人口推計、保育所入所数と夫婦のみ世帯数の推移、小学校児童数の過去3年間と今後10年間の推移予測、中学校生徒数の過去3年間と今後10年間の推移予測
4　保健福祉部門	要介護認定人数と要介護認定率の推移、介護サービス利用者数の推移、世帯類型別被保護世帯数等の推移、特定検診受診率・メタボリックシンドローム該当者出現率、国民健康保険被保険者一人当たりの医療費予測、高齢化と社会保障費の関係、65歳以上の人口と平均寿命の推移
5　防災安全部門	高齢者（65歳以上）の救急搬送の予測、消防団員平均年齢、交通事故発生件数の推移、自動車保有台数、交通事故発生件数、大規模災害対策に要する年次的予算推移
6　都市整備部門	公共交通機関（電車）の乗車人員数、公共交通機関（バス）の乗車人員、公共施設別延べ床面積、道路及び橋梁維持費、下水管老朽化による事故件数と累積損失額、水道管耐水化率と管路更新事業費、人口推移による水道の営業収益、人口推移による水道の営業収益の推移予測、昼間人口と昼夜間人口比率
7　産業観光部門	産業別人口推移、15歳以上就業者数、農業就業人口将来予測、２次産業事業所数、２次産業事業規模別出荷額シェア及び２次産業事業所数シェア、業種別付加価値額、小売吸引力指数、観光レクリエーション入込客数
8　環境部門	ごみ排出量、最終処分場の残余容量、中間処理量（再生利用と減量化）の推移

出典：鈴鹿市提供資料をもとに筆者作成

総合計画と組織の連動化

鈴鹿市の総合計画は、基本構想・基本計画・実行計画の3層構造で構成されている。

基本構想は、「まちづくり基本条例」の内容を具体化するものとして、5つの「将来都市像を支えるまちづくりの柱」を掲げ、また、この5つの柱の推進を支える基礎となる、鈴鹿市全体の自治力（市民力、行政力）の向上をめざすための「自治体経営の柱」を掲げている（図表2―4）。そして、この6つの柱を踏まえて、25の「めざすべき都市の状態」と、それぞれが8年後にめざす数値目標を設定している。

これらは、言い換えると、基本計画以下を推進する際の条件を示す「政策的指示書」であり、市民と行政が協働してめざす、まちづくりの方向性を示すものである。

この基本構想の実現に向けて各分野で取り組む、具体的な方向性を掲げた4年間の計画が基本計画である。具体的には、基本構想で掲げた「めざすべき都市の状態」を達成するために、鈴鹿市を取りまく外部環境と内部要因の分析

図表 2-4　鈴鹿市の基本構想で掲げられた「６つの柱」と「めざすべき都市の状態」

みんなで創り 育み 成長し　みんなに愛され　選ばれるまち すずか

大切な命と暮らしを守るまち
1 市民と行政が連携し、不測の事態に備えて対応している
2 災害に対する不安がなく、安心して暮らしている
3 交通安全に対する意識が高く、交通事故がない
4 地域で見守りあい、事件や犯罪がなく治安が良い

子どもの未来を創り豊かな文化を育むまち
5 みんなが支え合い、安心して子育てしている
6 家庭・地域・学校が連携して、全ての子どもが楽しく学べる教育環境になっている
7 人と文化を育み、心豊かに過ごしている
8 スポーツを観て、参加して、楽しんでいる

みんなが輝き健康で笑顔があふれるまち
9 地域で高齢者がいきいきと元気に暮らしている
10 地域で障がい者が夢や生きがいを持って暮らしている
11 誰もが安心して医療を受けている
12 市民が心身ともに健康で自立して暮らしている

自然と共生し快適な生活環境をつくるまち
13 資源を有効に活用している
14 地域の豊かな自然環境を維持し、保全している
15 身近な生活環境の維持，向上を図っている
16 地域内外への移動がしやすい交通環境になっている
17 都市基盤がバランスよく整い、快適に暮らしている

活力ある産業が育ちにぎわいと交流が生まれるまち
18 ものづくり産業が元気で、活気にあふれている
19 自然の恵みを活用した産業の地産地消が進み、活力にあふれている
20 生活に関わる商いが元気で、まちがにぎわっている
21 地域の中で雇用の場が確保され、いきいきと働いている
22 地元のモノ・コトが情報発信され、人が訪れ、交流が進んでいる

市民力，行政力の向上のために
23 誰もが互いの違いを認め合い、個性と能力を発揮している
24 市民が主役のまちづくりが行われている
25 行政が、経営資源を効率的，効果的に配分し，成果重視の行政運営を行っている

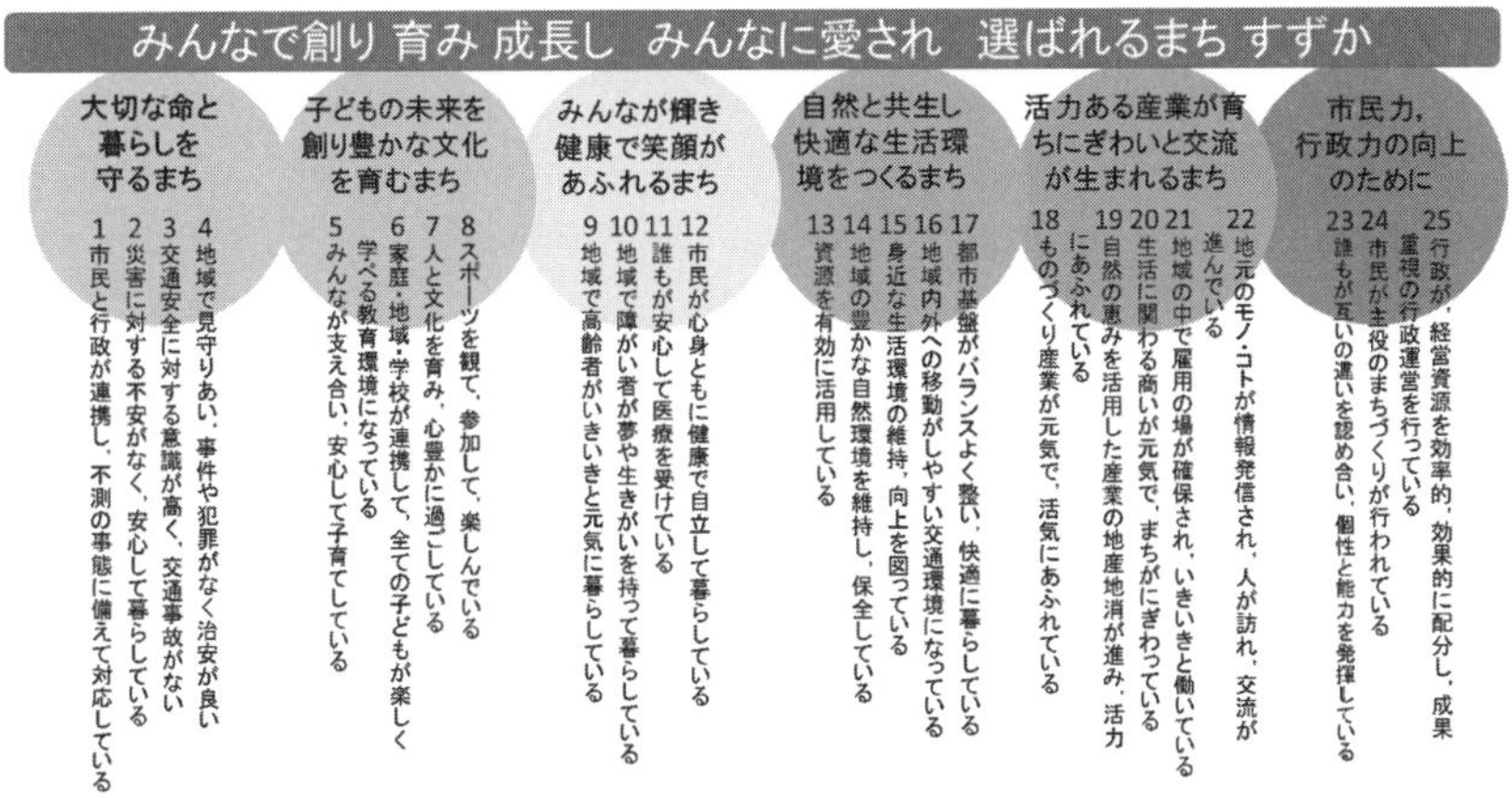

に基づく「現状認識」と、そこから見えてくる課題を「将来展望を踏まえた課題」として整理し、その課題解決に向けた行政の使命（ミッション）を設定した。

そして、そのミッションを果たすために、行政が取組むべき目標を「施策」として設定し、担当部局が遂行する際の方向性を「施策概要」として示した。

さらに、具体的な実施手段・手法の方針を示すものとして「単位施策」を設定した。

その上で、「めざすべき都市の状態」の達成に向けて試行錯誤しやすくするよう、「鈴鹿市総合計画２０２３」の開始と同時に、２０１６年度から、計画体系と組織を連動させ、基本構想の柱立てや内容にも対応させる、以下の組織改正を行った。

企画財務部の名称を変更し、「政策経営部」とした。さらに、同部の企画課を改組して、行政マネジメント機能を担う「行政経営課」と、政策立案に係る機能や、市民協働に関する調査研究機能、職員の政策形成能力の向上を担う「総合政策課」に分け、政策立案機能と総合計画を中心としたマジメント機能を強化した。

市民の大切な命と暮らしを守るために、市民と行政が連携し、不測の事態や防犯・防災に強いまちにすることを目的に、危機管理機能を強化して「危機管理部」を創設し、防災危機管理機能と交通・防犯機能を一元化し、二つの課を設置した。

生活安全部を改組し、「地域振興部」とした。さらに、地域づくりを地域協働で推進するための仕組みづくりなどを担う「地域協働課」機能を強化した。また、これまで文化振興部で管理運営していた公民館を地域づくりの拠点として活用することを目指し、地域振興部に移管した。

活力ある産業が育ちにぎわいと交流が生まれるまちを実現するためには、地域資源を活用し、また磨きをかけ、地域で経済が循環する仕組みを構築する必要がある。そのミッションを担う、産業振興部では、商業観光課から、商業振興と公共交通分野を切り離し、観光・モータースポーツや伝統工芸品、物産の振興など、地域資源の活用推進に特化した「地域資源活用課」を設置した。

子どもの未来を創り豊かな文化を育むまちにするために、「子ども政策部」を創設し、保育・育児教育を一体的に推進するほか、児童福祉や母子福祉など、子育て施策の拡充と一体化を図るための機能を強化した。

シーズンレビューの実施

鈴鹿市では、行政評価や予算編成、各種計画の進捗管理など、各種の行政システムを連動させたトータル・システムを実現するために、組織横断の施策調整機能の強化や、総合計画の進捗管理・運用の仕組みとして、季節（シーズン）ごとに、市長・副市長・経営幹部職員による点検・協議（レビュー）を行う「シーズンレビュー」のシステムを構築している（図表2―5）。

このシーズンレビューでは、市長等によるレビューに向けた

図表 2-5　鈴鹿市におけるシーズンレビューの展開イメージ

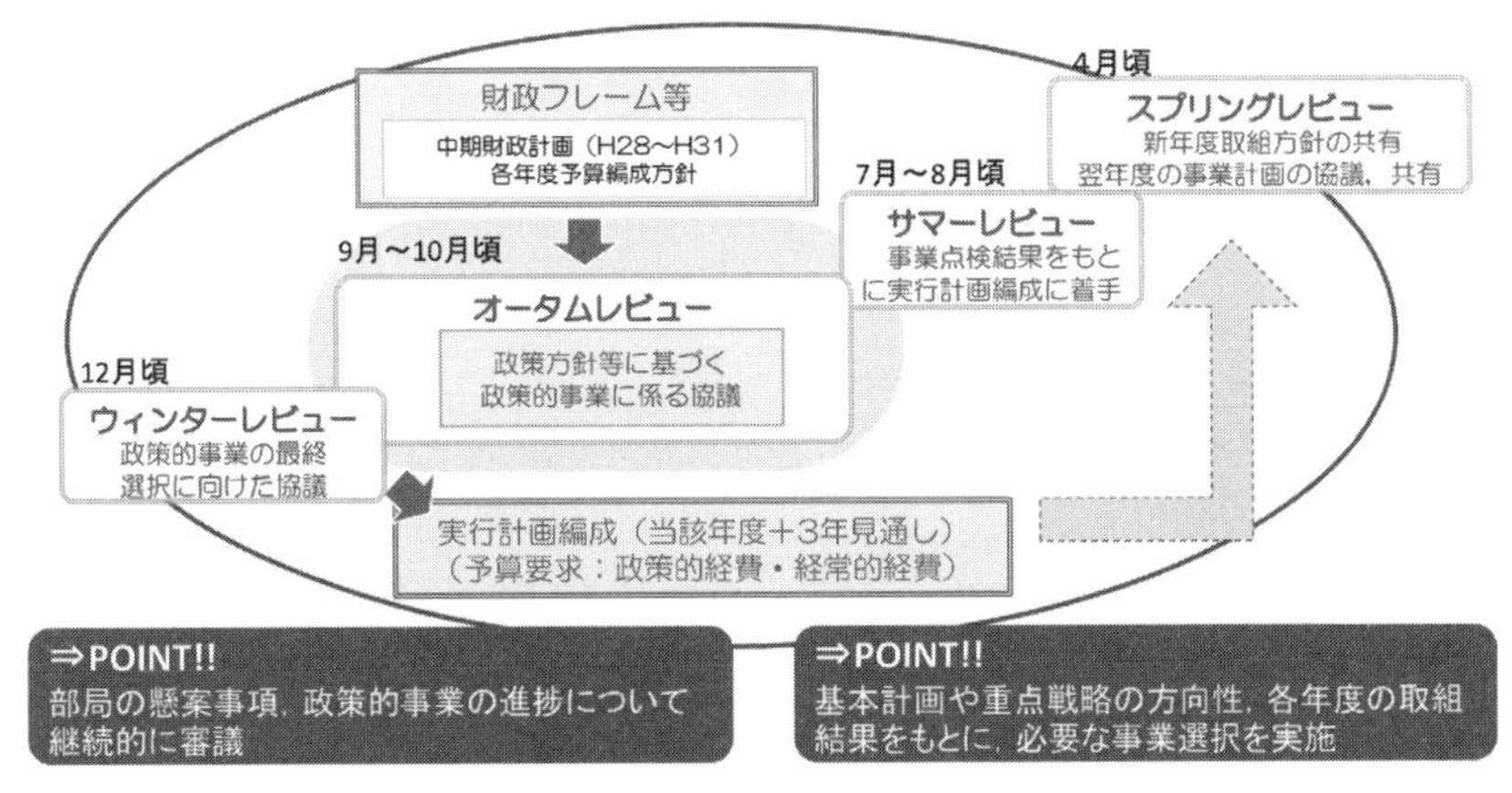

準備プロセスとして、庁内での分析や検証、検討等も行われることになる。

具体的に設計した内容としては、まず、「スプリングレビュー（4月頃）」は、指標の現状値や、その評価や点検を基に、当該年度の政策・施策の取り組み方針や、事務事業の改善を協議・共有する。その内容にしたがって、当該年度の組織の目標の設定や業務改善などを行うことを想定している。

次に、「サマーレビュー（7月～8月頃）」では、スプリングレビューでの検討を踏まえて、政策や施策の内容や構成などを検討し、予算と連動する実行計画の編成に着手する。

「オータムレビュー（9月～10月頃）」では、年度のはじめより、評価・検証・改善をしてきたことを踏まえて、翌年度の予算策定方針と財政フレーム（中長期財政計画）設定し、政策的事業の在り方の検討や協議を行う。

そして、「ウインターレビュー（12月頃）」では、翌年度の政策的事業の最終選択に向けた協議を行うものとした。

こういった設計のもとで、２０１６年度から、実際にシーズンレビューの運用を行っている。例えば、２０１６年度のスプリングレビューは、全部局を対象に3日間行われた。前年度の取り組みの成果と課題を検証した上で、「鈴鹿市総合計画２０２３」で掲げた目標の実現に向けて、２０１６年度の取り組み方針（年間の達成目標、その実現のための手法や改善方針・ロードマップ）について、経営幹部と職員とで共有をし、その方針を決定した。また、人事評価制度における部局目標と総合計画推進との整合を図り、目標設定につなげる試みも行われた。

また、全部局を対象に5日間行われたサマーレビューでは、「めざすべき都市の状態」を実現するためには、限られた経営資源を効果的に活用することや、施策や事業の選択と集中などによる実効性の向上を目指した点検が行われた。

行政経営システムの構築は、常に試行錯誤しながら、改善し続けることで、機能するものである。鈴鹿市でも、これまでに解説してきたように、総合計画の運用を通じた、総合的な行政経営システムの構築を目指しているが、それは、総合計画の期間を通じて持続的に行う試行錯誤と改善を繰り返しながら、より実効性の高い、機能する仕組みを追求することとしている。

第３章　行政システム改革の組織定着に向けた挑戦

―金ケ崎町における内発的な改革を促す経営環境診断

「生涯教育の町」に忍び寄る人口減少と高齢化

岩手県の県央に位置する金ケ崎町は、西部に広がる山岳部から平野部まで、約１，３００ｍにおよぶ高低差があり、また、多様な産業を育んできた、人口約１６，０００人の町である。町内には、全国有数規模の工業団地があり、自動車やＩＴ、製薬産業等の工場が集積している。

金ケ崎町は、製造業の生産拠点として、若者の転入による人口の社会増や、町民税・法人税の増加に支えられた豊かな町であった。６つの生活圏ごとに、幼稚園、小学校、地区生涯学習センター、体育館などが整備され、豊かな自然風土のもとで、「生涯教育の町」を掲げ、生活圏ごとに個性あるコミュニティが形成されてきた。

平成の大合併が推進される状況下において、水沢市から、特例法定期限内に市町村合併を協議するための協議会への参加申し入れがあったが、金ケ崎町は参加せず、独自の道を選択した。

平成大合併から１０余年が過ぎ、日本社会全体が人口減少、高齢化時代を迎え、地方経済の景気低迷の波は、金ケ崎町にも忍びより、人口が穏やかに減少し、高齢化の進展が始まった。

６つの生活圏は徐々に変質し、地域扶助力の地域間格差も生まれ、１９７０~80年代に整備された公共施設等の老朽化問題が深刻化してきた。税収の減少、人口や社会構造の変化による多様化・複雑化する住民ニーズにも対応するという矛盾する課題に挑戦することが町に求められていた。

外発的な行政システム導入の限界

金ケ崎町では、行政改革を目的に、他の自治体と同様に、各種の行政システムの導入を行ってきた。例えば、専門家やコンサルタントによる、事務事業評価、事務改善、組織管理、人事評価…など、様々な仕組みの導入・定着に向けた指導や助言を受けてきた。

しかし、そういった指導や助言は、特定の行政システムの導入に主眼を置いており、長年慣れ親しんできた既存の制度や仕組みが存在する状況下で、職員は「本当に機能するのか？」などといった不安を感じていた。その結果、指導・助言を受けたことは、時間経過の中で曖昧となり、組織定着が図られない行政システムが数多く存在する状況となっていた。

そもそも、外発的に与えられた行政システムを受け身で導入するという発想では限界がある。職員の実感として、自治体経営がどのような状況にあり、直面する危機や課題は何か、なぜ改革に取り組む必要があるのか、地域のために自分達に何ができるか、といったことを自ら認識し、主体的に改革・改善に向けた試行錯誤を繰り返す、組織風土を生み出していかない限り、どのような行政システムを導入しても機能するとは、必ずしもいえない。

職員自ら自治体の未来の最悪展望を描く

拡大成長時代から縮小時代へ。金ケ崎町では、そういったパラダイムの変化を直視し、個々の職員の改革への実感を得ていくことを念頭に、まずは、現在の経済社会状況が続くとした場合に直面する、金ケ崎町の２０４０年の「まちの姿」を描くことにした。

予測される社会問題の最悪展望を描くために、全課から30～40代前半の職員参加のもと、「経営環境診断チーム」を設置した。人口予測と世帯構成の将来予測を基礎要因として、地域経営や行政経営環境について、様々な切り口から検討を行った。また、経営資源（ヒト・モノ・カネ・情報）や地域資源（自然資本・人工資本・人的資本・社会関係資本）、あるいは地域構造や地域特性の再評価を行い、予測される危険を防止するための自治体経営（行政経営と地域経営）のあり方について検討が行われた。

そこで示された「まちの姿」は、人口が穏やかに減少していき、高齢者が増加する町の姿であった。そして、公共施設・社会インフラの老朽化や多様化・複雑化するニーズに直面し、相互扶助力の低下による地域間格差が生まれ、全ての公共サービスを自治体単独で提供することは困難となることが予測された。また、国も地方を財政的に支えられなくなり、自治体の財政逼迫はこれからも続くことも推測された。

チームに参加し、２０年後の未来予測を行った職員は、２０年後も在職することが推測され、自らの役割と責任において、予測される危機を未然に防止する役割を担うことに気づいた。

こういった環境経営診断の結果から、以下の３つの自治体経営の方向性が取りまとめられた。

①「地域と自治体の自立」と「住民と行政との協働」を実現する

・拡大成長時代の自治体経営を、縮小時代に相応しい「職員力と組織力が遺憾なく発揮できる構造」に変革する。

・「生涯教育の町」で培ってきた、住民力と地域力を継承しつつ、人口減少、高齢化社会において「安心して幸せに暮らすことができる地域社会を築く」地域づくりを推進する。

・縮小時代は、地域の実情に沿った独自の手法を駆使した課題の解決を図る仕組みを構築する。

②財政逼迫を踏まえ、中長期の視点から財政規律を徹底し、「入りを見て、出を制する」財政システムを構築する。

・公共施設・社会インフラの老朽化を見据えた、中長期財政計画と整合させた、社会的装置の最適化を実現する。

・住民と活動団体、ＮＰＯ、企業などによる価値共創を前提に、多様なアクターが公共サービスの担い手になる社会を実現する。

③自らが選ぶ広域連携

・行政区域にとらわれない、サービスごとに連携するパートナーを戦略的に選択する広域連携を実現する。

経営環境診断結果を「自治体経営改革大綱」に反映

金ケ崎町では、この経営環境診断の結果を、自治体経営の向うべき方向や、実践する仕組みを構築するための方針を示す「自治体経営改革大綱」（図表３―１）に反映することとした。

図表 3-1　自治体経営改革の仕組み

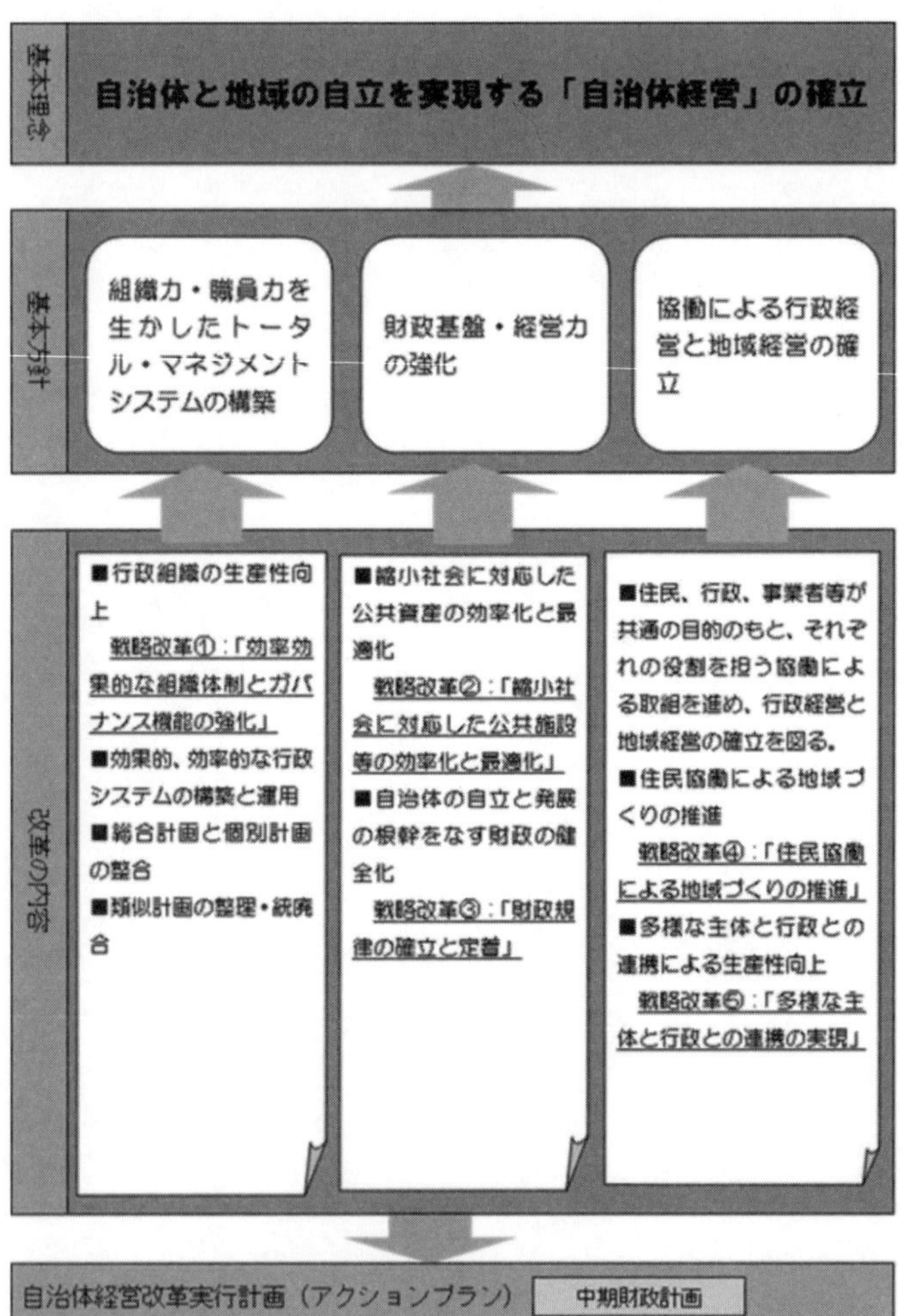

自治体改革の具体的な改革内容は以下の通りである。

〈方針－1〉組織力・職員力を生かしたトータル・マネジメントシステムの構築

①組織の生産性向上

・効率的で効果的な組織体制とガバナンス機能の強化、定員適正化と組織改革、人材育成、働き方の見直しと事務の改善、自治体経営改革を推進する条例政策の確立など。

②行政経営のトータル・マネジメントシステムの構築

・総合計画を中心とした自治体経営の「トータル・マネジメントシステム」の構築。

〈方針－2〉財政基盤・経営力の強化

①縮小社会に対応した行政資産の効率化と最適化

・資産経営の推進、縮小社会に適応する教育施設の最適化、資産の処分促進と有効活用など。

②自治体の自立と発展の根幹をなす財政の健全化

・財政規律の確立と定着、歳入の確保、歳出削減の徹底など。

〈方針－3〉協働による行政経営と地域経営の確立

①住民協働による地域づくりの推進

・住民と行政との協働の推進、行政経営への住民参加の推進、住民協働による地域づくりの推進、行政サービスの質的向上など。

②多様な主体と行政との連携による生産性向上

・人口減少下での広域連携の更なる推進、多様な主体との連携・共創の実現など。

そこでは、効果的な行政経営の仕組みを実現し、その上で、組織力や職員力を発揮できるようにしていくこと、また、地域の困りごとを地域で解決することができる地域経営の仕組みを構築し、安心して幸せに暮らすことができる地域社会を構築していくこと。そして、そういった行政経営と地域経営の相乗効果を促す、住民と行政との協働による自治体経営の仕組みを構築していくこととした

自治体経営改革アクションプランの戦略的取り組み

「自治体経営改革大綱」に基づく、アクションプランは、「方針－1」から「方針－3」まで、55項目が記載されている。これらの項目を全て実行に移すには、職員の大きな負担となり、他の事務事務に支障をきたす恐れがあり、計画が絵に描いた餅となりかねない。

そこで、実行プログラムを策定し、アクションプラン55項目から、戦略的に取り組む6事案を抽出し、自治体経営改革に取り組むこととした。

①ガバナンス機能が発揮される意思決定（庁議）システムの構築

②行政評価制度の導入による進捗管理と評価による事務事業の見直し、事務業務の改善（スクラップアンドビルドの徹底）。

③審議会・委員会等の統廃合。
④公共施設・社会インフラの資産マネジメントの構築と推進。
⑤財政規律と健全化５項目の実行。
⑥自治会・自治会連合会等への依頼事務の見直し、イベント・行事などのあり方の見直し。

行政システムの統合化による仕組みづくり

金ケ崎町では、２０１３年度に「事務事業評価制度」の導入を目指して、専門家の指導のもと、職員間で研究会を立ち上げ、導入方法の検討や、事務事業評価に用いる評価シートの作成を行い、２０１４年に事務事業評価の試行を実施したが、定着には至らなかった経緯がある。

その要因としては、「手段」であるはずの事務事業評価の導入が「目的化」し、従来の行政システムとは別な仕組みとなっていたこと。自治体の根幹を担う総合計画を中心とした評価体系ではない評価の仕組みを導入したこと。ロジックモデルのフレーム設計が不十分であったことや評価シートが複雑であったことなどが想定される。

この教訓を踏まえ、自治体経営改革大綱に行政評価の導入を位置づけ、様々な行政システムの統合化を重視し、まず、総合計画を中心とした指標体系のもとで、評価システムの再構築をすることとした。

具体的には、総合計画（２０１６年～２０年）の見直しに併せて、施策方針の指標を活用し、新たに基本構想の「将来像実現のための基本目標」に、基本目標を評価する「象徴的指標」を設定することとした。

そして、事務事業管理において作成していた「事業管理シート」を「事業管理兼行政評価シート」に改善し、「指標に基づく事業分析」「やり方の改善」「やることの改善（事業の見直し）」欄の追加と企画担当、財政担当の所見欄を設けることにした。さらに、内部検証の仕組みとして、「自治体行政改革推進会議」を活用する。組織機構改革による企画財政課の誕生を踏まえ、政策規律を検証する「企画担当」と財政規律を検証する「財政担当」の連携を強化し、行政評価を推進することとした。

このような方針を踏まえ、２０２０年度の総合計画の見直しと合わせ、行政評価の試行（現合計画の棚卸し、指標の見直し、後期総合計画の施策への反映、次年度事務事業の改善と反映）が行われた。アクションプランの戦略的に取り組む他の5事案についても、具体化にむけた作業が進められている。

こういったプロセスに関わってきた筆者（長瀬）の実感として、職員も縮小時代において、今までどおりの施策や、事業の手段・手法を変えない慣例、何十年も同じ委員が参加する委員会・懇談会方式の運営…などが制度疲労を起こしていることに気づき始めている。

このような状況において、行政評価による検証・改善を積み重ねていくには、町長の後押しと痛みを伴う住民やステークホルダーの理解が不可欠である。一方で、大切なことは職員の「気づき」が、施策や事業の見直しを実現させる原動力となることである。

第2部
行政計画の生産性改革
―計画群の総合化と経営システムの連動化

第４章　財政規律と政策実現の連動化
―財政の裏付けのある「政策の仕様書」としての総合計画

財政健全化と総合計画の改革

２００６年６月に夕張市（北海道）が６３２億４０００万円の債務残高を抱えて財政破綻した「夕張ショック」は、自治体に大きな衝撃をもたらした。何故ならば、自治体には、土地開発公社や第三セクターなどに、合計約４兆６千億円を貸し付ける一方、公社や第三セクターなどへの債務保証や損失補償を通じて総額６兆円（２０１１年度）を超す債務を抱えており、問題の先送りは地方財政の危機を招く恐れがあるからである。

国は、自治体の財政破綻を未然に防ぐための「地方公共団体の財政健全化に関する法律」を２００７年（全面施行は２００９年から）に制定した。自治体の再建法制の半世紀ぶりの見直しである。自治体本体の収支（一般会計など）だけでなく、「隠れ借金」といわれた病院・上下水道などの特別会計や公社・第三セクターも含めた財政の健全性を示す指標を新たに設けたのが特徴である。

また、２０１１年、地方自治法の改正を通じて、総合計画の基本構想に関する義務づけが廃止され、総合計画を持つ・持たないという選択をすることから、新しい自治体経営のあり方や、政策の策定・推進方策などについて、自ら決めることになった。

これまでの総合計画は、地域発展の「ばら色の夢」を描くものとして、予算の裏づけが乏しく、「絵に描いた餅」となりやすかった。実態として、自治体職員にとっては、「総合計画があっても予算は別」という考え方が一般的であった。大多数の自治体にとって、総合計画は「あってもなきが如し」だったのである。２０１１年の自治法改正は、そのまま形式的な総合計画の策定を続けるのか、それとも、総合計画を廃止するのか、もしくは、新たな経営戦略を描くきっかけとするのか、自治体に選択を迫ることとなったのである。

財政健全化と総合計画に関する改革は、自治基本条例やマニフェスト（政策要綱）との関連性も含めて、自治体の経営戦略のあり方や政策判断と、予算編成・財政規律をどのように結び付けて考えるかの根本的な判断を問う機会となった。

自治体の現状として、特別会計や公社・第三セクターが抱える隠れ借金と、生産年齢人口の減少と長引く景気低迷による地方税・地方交付税・国庫支出金などの減少による、一般会計の財政逼迫問題を抱え、総合計画を中心とした政策規範と、財政規律との整合をどのように図っていくかが求められているのである。

予算に対する政策仕様書としての総合計画

総合計画とは、行政経営の基盤となる情報体系である。まず、地域の政策課題を客観的に把握し、未来を予測した上で、限られた予算を前提に、根拠を持って、自治体として将来に責任を持って取り組むべき政策を選択・集中し、そのための自治体経営のあり方を規定した経営戦略（＝基本構想）を描くものである。そして、政策・施策・事業を体系化し、達成すべき目標と政策実現手段や政策主体を明確にした中期の計画（＝基本計画）を策定するものである。

さらに、毎年、それ活用しながら、事業を実施し、評価を行い、適宜改善を施すための情報体系（＝実施計画）である。

言い換えるならば、総合計画は「ばら色の未来」や「絵に描いた餅」を描くのではなく、未来の予測や根拠をもとに、財政の制約を前提に、「政策の仕様書（＝予算制約のもとで、実施すべきことを規定し、発注を受けるための書類）」として、実施するべきことを規定するものである。こういった観点から参考になる事例として多治見市（岐阜県）の実践を解説する

多治見市における総合計画を中心としたシステム構築

多治見市は、１９７０年代以降、名古屋市のベットタウンとして人口が増加し、学校・下水道・道路などの基盤整備を推進してきた。その結果として、起債残高が一般会計における歳出総額を上回るなど、財政状況が逼迫していた。一方、地域経済の基幹産業である陶磁器産業は低迷し、１９６年には多治見市が特定不況地域に指定され、その後のバブル経済の崩壊により税収の減少にも直面することとなる。こうした財政状況を踏まえて、１９９６年に「財政緊急事態宣言」を発し、経費の削減、人件費の抑制、市債の繰り上げ償還などに市長と職員が一丸となって取り組んでいった。その結果、２００１年に緊急事態宣言が解除された。

２００１年から始まる第５次総合計画の策定にあたり、このような危機的教訓を踏まえて、行政経営のシス

テム設計に取り組んだ。

まず、首長のマニフェスト・公約を総合計画へ反映させるために、首長の任期と総合計画の期間を整合させることとした。ただ、第五次総合計画の段階では、計画期間としては、従前の通り、基本構想は10年間、基本計画は前期5年間・後期5年間としたが、３年目に行われた首長選挙のあとに基本計画の見直しを行い、前倒しでの後期計画の策定をすることで首長のマニフェストを反映させるものとした。そして、第６次総合計画からは、より首長任期と整合させることとし、基本構想の期間を8年間、基本計画は前期4年間・後期4年間とした。実行計画は4年間のローリング形式として、毎年度、４年先を見据えた実行計画を策定することとした。

また、総合計画・予算編成・事務事業評価・行政改革は、全て総合計画を中心とした連動した仕組みとし、政策規範と財政規律を連動させ、徹底させる仕組みを構築することとした。

そして、こういった方針は、多治見市の最高規範となる市政基本条例（２００７年1月施行）で裏付けることとした。

市政基本条例による行政経営システム構築

多治見市の市政基本条例は、前文、42条の条文、附則で構成され、市政の基本的な原則と制度やその運用の指針や市民と市の役割を定めることにより、多治見市の市民自治の確立を図ることを目的としている。また、この条例を、多治見市の最高規範として位置づけ、この条例に従い、市政を運営し、他の条例などを制定・改正・廃止・解釈し、運用するものとしている。

条例の第20条では、総合計画のルールを定めている。

【多治見市市政基本条例】

第20条　市は、総合的かつ計画的に市政を運営するため、総合計画を策定しなければなりません。

2　総合計画は、目指すべき将来像を定める基本構想、これを実現するための事業を定める基本計画と事業の進め方を明らかにする実行計画により構成されます。

3　総合計画は、市の政策を定める最上位の計画であり、市が行う政策は、緊急を要するもののほかは、これに基づかなければなりません。

4　総合計画は、市民の参加を経て案が作成され、基本構想と基本計画について議会の議決を経て、策定されます。

5　総合計画は、計画期間を定めて策定され、市長の任期ごとに見直されます。

6　市は、基本計画に基づく事業の進行を管理し、その状況を公表しなければなりません。

7　市は、各政策分野における基本となる計画を策定する場合は、総合計画との関係を明らかにし、策定後は、総合計画との調整のもとで進行を管理しなければなりません。

多治見市では、最高規範の条例において、総合計画は、市政の政策を定める最上位の計画であること、基本構想と基本計画は議会の議決を経て策定されること、市長の任期ごとに見直すこと、基本計画に基づく事業の進行を管理し、その状況を公表すること、各政策分野における基本となる計画を策定する場合は、総合計画との関係を明らかにし、策定後は総合計画との調整のもとで進行を管理することなど、総合計画を中核に据えたシステム設計について規定をしている。

また、第25条では、財務原則を定めている。

【多治見市市政基本条例】

第25条　市は、総合計画に基づいて予算を編成し、計画的で健全な財政運営を図らなければなりません。

2　市は、毎年度、計画期間を定めた財政計画を策定しなければなりません。

3　市は、財政計画、予算編成、予算執行と決算認定の状況を、毎年度、市民に分かりやすく公表しなければなりません。

4　市は、政策目的の実現のため、効果的で合理的な予算執行に努めなければなりません。

5　健全な財政に関し必要な事項は、別に条例で定めます。

総合計画に基づいて予算編成すること、そして、毎年度の計画期間を定めた財政計画を策定し、公表することを規定しているのである。

こういった規定に基づき、多治見市では、期間を4年間とする実行計画と財政計画を毎年度策定している。実行計画は、前年の実績や評価、社会情勢を踏まえて、内容と事業費を精査し、4年先を見据えて策定し、また、歳入・歳出を見通した財政計画を策定し、実施計画と財政計画との整合を図っている。

さらに、最高規範の条例において、「総合計画を、市の政策を定める最上位の計画とし、市が行う政策は、緊急を要するもの以外は、総合計画に基づくこと」、さらに、「総合計画に基づいて予算を編成すること」を定めることで、総合計画に記載のない政策は、原則、事業化をすることができず、かつ、予算化ができないこととなる。

その結果、総合計画に記載のない新たな施策や事業を実施する場合には、基本計画を一部変更し、議会の同意を経て、予算措置を図ることとなる。

健全な財政に関する条例

多治見市では、「多治見市健全な財政に関する条例」を２００７年１２月に制定し、併せて同条例を市の最高規範の条例である市政基本条例に位置づけるために、市政基本条例を一部改定し、市政基本条例の第２５条第５項を追加した。時期的に、国が「財政再建法（２００７年６月）」制定や夕張市の破綻などと近いが、１９９６年の「財政緊急事態宣言」から積み重ねてきた、多治見市における改革実践を踏まえて、独自の背景や観点のもとで、策定されたものである。

財政規律とは、健全で維持可能な財政状況の実現に努めることを目標に、透明性、安定性、責任性、公平性、効率性の５原則と総合的な財政ルールを定め、これらにそった財政運営を行うものである。財政健全化法が定める四つの指標（実質赤字比率、連結実質赤字比率、実質公債費比率、将来負担比率）に抵触しなければ、財政運営上の問題がないというわけではない。例えば、地方交付税の減額や財政力の違いを勘案すれば問題が生じる恐れもある。多治見市では、自らの観点で、財政運営の原則を定め、独自の財政指標を作成し、財施の健全化に努めることとしたのである。

多治見市「健全な財政に関する条例」は、独自の観点から、様々な工夫が施されており、大変示唆に富むものとなっている。

例えば、公会計においてストックの把握や長期的な経費の見込みを織り込むことや、総合計画の策定を見据えて、事業規模の発散を防ぎ、実効性を確保することが必要となる。多治見市の条例の制度設計にあっては、総合計画との関連を重視したストックや長期的な経費の見込みを、具体的な仕組みとして盛り込んでいる。

多治見市では、財政判断指標として、独自に設定した四つの指標を設けている。「償還可能年数（通常の行政サービスを提供しつつ、何年で償還できるかの返済能力）」「経費硬直率（経常収支比率の分子から交際費を除いた比率）」「財政調整基金充足率（経常経費充当一般財源に対する残高の割合）」「経常収支比率」である。さらに、その後の条例の改正により、五つ目の指標として「実態収支」を追加している。

こういった制度設計の狙いは、徹底した情報共有を図り、説明責任を果たすことで、財政規律を機能させ、将来に向けて、財政の健全性を維持することにある。根拠を持たず、やみくもに総合計画の事業規模が膨張すれば、財政を悪化させ、将来の市民に負担を残す。将来の受益と負担のバランスを壊すだけでなく、将来における政策や施策の選択の余地を狭めることとなる。

柔軟な変化を促すシステム設計

社会経済や自治体を取り巻く環境は常に変化する。自治体には、その変化に柔軟に適応しながら、日常的に改革・改善をし続け、よりよい地域社会を実現していくことが求められる。そのための制度や計画の基盤となるシステムをつくっておく必要がある。

また、制度や計画も常に劣化していくものである。つくった制度や計画は変えない、前例を踏襲するという前提とはせず、変化することを是とするものとして、システムを設計しておくことも必要である。

多治見市での設計では、政策実現に関して、以下のような工夫が施されている。

(1) 市長任期と総合計画の期間と整合させたことで、有権者の判断を得たマニフェストを総合計画に反映させる。

(2) マニフェストを反映させた基本構想・基本計画を、二元代表制に基づく市民の代表機関である議会の議決により団体意志として決定する。

(3) 議会承認を得た基本計画に掲載されていない事業は、原則として予算化できない。

(4) 実行計画は、毎年度評価を行い、その結果をもとに、財政計画を前提に、4年先を見据えて、ローリングする。

すなわち、市長選挙で示された民意を市の方針として確定させること、財政規律を前提に、総合計画にないことは実施できないので、必要であれば総合計画の改定を適宜行うこと、4年先を見据えた実行計画を毎年つくることで、実施した結果の評価を反映や先を見通した検討を行うことを、行政経営のシステム設計上、織り込んでいる。

財政規律について、以下の工夫が施されている。

(1) 基本計画の期間と整合させた財政計画を策定し、財政規律に基づき、基本計画や実行計画を策定するシステムとし、総合計画に対して、予算的裏づけを確保する。

(2) 健全な財政に関する条例に基づき、財政規律を定めた財政計画（経常収支比率・償還可能年数・経費硬直率・財政調整基金充足率・歳入・歳出予測）を策定する。

(3) 財政計画を毎年度見直すシステムとし、財政状況の実態を常に把握し、政策に反映させる。

総合計画をどのように編成したとしても、財政上、総合計画に掲げた事業の実施が困難になれば、総合計画で示した政策は「絵に描いたもの」となる。多治見市「健全な財政に関する条例」は、財政状況の健全性を確保することにとどまらず、総合計画で掲げる政策の規律を確保することで、計画の実行性を担保する役割を担っている。

多治見市の行政経営システムは、条例と計画の両輪に支えられるものであり、状況に対応しながら行政の活動を変化させ、継続的に改善し続ける仕組みといえる。

【参考文献・出典】

神原勝・大矢野修「総合計画の理論と実務」公人の友社、２０１５年２月
福田康仁「総合計画に基づく行政経営―多治見市における総合計画」（玉村雅敏・監著「総合計画の新潮流」公人の友社、２０１４年７月）
遠藤宏一・亀井孝文「現代自治体改革論」勁草書房、２０１２年２月

第5章　計画を支える基盤の整備による政策実現の生産性向上

―マニフェストと総合計画の連動化

マニフェストと総合計画

１９９９年の統一地方選の頃から、ローカル・マニフェスト（以下、マニフェスト）が作成されるようになった。有権者に政策本位の判断を促すものとして、首長候補者が当選後に実行する政策を公約し、有権者に知らせる声明・誓約をより明示的に示すトレンドとなったのである。

マニフェストは「4年」の首長任期を前提に、政策と目標を掲げるものである。一方、多くの自治体では、総合計画の基本構想は「10年」、基本計画は「5年」の計画として策定されている。この場合、首長任期の「4年」とは連動しないものとなり、選挙のタイミングとは関係なく、改定されることになる。

そして、首長が交代した場合、前の首長のもとで策定された計画と、新たな首長のマニフェストとの関係をどうするのかが論点になる。現実的な対応として、予算編成を通じて、事業レベルで主要な公約を盛り込み、予算案を議会に上程し、審議を仰ぐなどの対応が行われることがみられた。

その結果として、マニフェストと総合計画の内容は整合せず、総合計画は形骸化をすることが起こりうる。総合計画は、政策の継続性の観点から、中長期的な計画として、様々な分析や予測、市民参加等に基づいて策定をするものである。その形骸化を招くことは自治体にとって良い状況とは言いがたい。

そこで、求められる対応は、まず、首長の任期（４年）と計画期間を整合させること（＝計画期間を４の倍数にすること）と、首長選挙後のタイミングに計画の改定期を設定することである。その結果、首長選挙にて示された民意を総合計画に反映することを可能にする。そして、様々な分析や予測、市民参加等に基づいた検討とあわせて計画を策定し、一体的に運用していく。

なお、自治体の方針を決める上では、二元代表制のもとで、議会の役割も重要である。首長任期と計画期間を揃えて、首長選挙後のタイミングで改定する設計としておくことで、首長のマニフェストの内容を踏まえた総合計画案を策定し、（議会の議決事件としている場合）議会での審議を経ることで自治体の方針として確定することとなる。

可能性として、議会は総合計画案を承認しないことも起こりうる。その場合、計画案の修正をすることや、時には（望ましいかどうかは別にして）総合計画が議決されていない状況で、単年度での臨時的な予算対応をすることになったとしても、総合計画の審議を経ている以上、自治体の一つの選択となる。

計画を支える基盤整備

設計上、計画の年限やタイミングが整合していない結果として、計画の形骸化を招くことは自治体として避けるべきことであり、計画を支える基盤を整える必要がある。具体的には「①首長任期と計画期間の整合」「②総合計画と個別計画の連動」「③個別計画の統合と体系化」の３つのアプローチが求められる。

①首長任期と計画期間の整合

首長の任期は４年であり、任期中の政策を示すマニフェストもこの期間中に実施する政策を示すことになる。首長任期と計画期間を整合させるには、地方自治法の第１４０条で「普通地方公共団体の長の任期は、４年とする」と定められているとおり、首長任期は法で定められているものであるため、計画期間を首長任期に適応させることとなる。具体的には、以下の対応が求められる。

⑴総合計画の基本構想を８年や12年、基本計画を４年とするなど、計画期間を４の倍数とすること
⑵計画改訂のタイミングを首長選挙の後にすること
⑶首長選挙が任期の前倒しで行われたときにも適応できるよう、首長選挙後に検証や見直しを行うことを規定すること

こういった対応を定めておくことを通じて、首長選挙にて示された民意を反映できるようにし、総合計画とマニフェストの期間を連動させることとなる。

②総合計画と個別計画の連動

自治体は、総合計画と各種の分野別の個別計画群に基づいて計画的に行政運営を行っている。

個別計画群は、国の法規定をもとにした「法定計画」と、自治体独自の観点で策定した「独自計画」で構成

される。

個別計画は、それぞれの時期や必要性で検討されてきた結果として、計画期間や改定期は千差万別であり、また、総合計画と個別計画の期間や改定期の整合性もなく、総合計画と個別計画の政策・施策の連動は行われにくくなっているのが実態である。

その結果、総合計画を自治体の最上位の計画と位置づけたとしても、実態として、総合計画の策定後に改訂された個別計画や、総合計画よりも、実務において具体性が高い要素を定めている個別計画を重視することが起こりうる。

首長任期と総合計画の期間や改定期の整合に加えて、総合計画と個別計画群についても、計画期間や改定期の整合と、相互関係と役割分担を明確にすることで、より効果的に政策の推進が可能になる。

③個別計画の統合化と体系化

個別計画は、個々の観点では最適なものが策定されていたとしても、計画群の相互関係の整理や体系化がされていないことが起こりうる。

「個別計画の統合化と体系化」とは、同じ政策領域において策定された各種の個別計画の位置づけを整理した上で、統合することや、計画間の相互関係を体系化することで、総合性を担保するものである。また、この統合化や体系化をする際には、総合計画の体系と整理・統合することで、より実効性を向上させることにもなる。

具体例として、天草市では、第２次総合計画（２０１５～２０２２年）の前期基本計画（２０１５～２０１８年）において、基本構想に掲げた目標や指標の実現を目指して、７つの部門経営方針と政策方針を掲げ、また、41

の政策を設定した上で、92本の施策計画（＝個別計画）を位置づけている。

天草市は、２００６年３月に2市8町が合併して誕生した自治体であるが、合併後の8年間に、総合計画以外に、92本の個別計画が策定されていた。

そこで、第2次総合計画の序論において『計画の総合化』や『行政システムの統合化』の指針を示し、総合計画を核とした自治体経営のトータル・システム化を進める」ことを示し、前期基本計画の期間内に、個別計画群の検証をした上で、統合化と体系化を行った。

三鷹市における総合計画と個別計画の整合と連動

三鷹市(東京都)の第４次基本計画は、２０１１年～２０２２年を計画期間とする12年間の計画である。これは、２０１１年の三鷹市長選挙のタイミングと揃えたものであり、また、４の倍数となる計画期間とすることで、市長任期と連動させた、マニフェストに対応できる総合計画となっている。選挙で選ばれた首長の公約やマニフェストを、総合計画に反映しやすい仕組みとしたのである。

また、三鷹市自治基本条例（２００６年4月1日施行）の第13条において、総合計画の位置づけや、基本構想・基本計画と個別計画との整合と連動を定めている

【三鷹市自治基本条例】

（基本構想及び基本計画の位置付け等）

第13条 市長等は、総合的、計画的な市政運営を行うため、市の最上位計画として市議会の議決を経て基本

構想を定めるとともに、基本構想の実現を図るため、基本計画を策定するものとする。

２　基本構想及び基本計画に基づき策定する個別計画は、基本構想及び基本計画との整合及び連動が図られるようにしなければならない。

この自治基本条例で掲げられた内容の具体化として、基本計画と個別計画との期限を整合させること、さらに、首長選挙と計画の改定期を整合することによって、基本計画や個別計画の策定時期・改訂時期を首長の任期と連動させることが行われたのである。

そして、より具体的な検討として、「個別計画の統合化と体系化」が行われた。

例えば、都市整備部の領域では、交通安全計画、自転車環境整備計画、公共交通整備計画が策定されていた。公共交通や安全対策の総合的かつ計画的な推進を図るために、「地域公共交通総合協働計画２０２２」として、これらの個別計画が統合化された。

また、健康・福祉・子育ての関する領域では、地域福祉計画や子ども・子育て支援計画など九つの個別計画が存在していたが、「健康福祉総合計画２０２２」として体系化された。具体的には、総論にて、計画の前提、計画の位置づけと構成、法定計画との関係、目標年次と計画期間等を示した上で、各論部分にて「地域福祉計画」「高齢者計画」「障がい者福祉計画」「生活支援計画」「健康づくり計画」「子ども・子育て支援計画」を位置づけることで、個別計画の体系化を行っている。

三鷹市では、こういった総合計画と個別計画の整合と連動が図られた結果として、総合計画の「基本計画」では、施策の課題と取り組みの方針や、事業体系と重点課題などを明らかにし、「個別計画」では、総合計画

図表 5-1　三鷹市の計画体系

※上記記載の個別計画は、第４次基本計画と同時並行的に策定・改定を進めたものである

出典：三鷹市資料

の基本構想・基本計画の体系のもとで、各事業の目標とスケジュール、詳細な取り組み内容を掲載し、基本計画と個別計画の機能的な役割分担を図っている。

結果として、三鷹市では、第4次基本計画に合わせ、23の個別計画が位置づけられ、改定されている（図表5—1）。

【参考文献】

齊藤大輔「市民参画に基づく総合計画の策定—三鷹市における総合計画」（玉村雅敏・監著「総合計画の新潮流」公人の友社、２０１４年７月）

第６章　新総合計画の策定を起点に構築する行政経営システム

―市原市における総合計画の条例化と計画群の総合化

総合計画の改訂を起点に改革

市原市（千葉県）は、都心から５０㎞圏にあり、その立地は、房総半島の中央にあり、北は政令指定都市で県庁所在地の千葉市、北西は東京湾、南は養老渓谷など、多様な風土と地域構造を有する約２７万人の都市である。東京湾に面した地域は日本有数の石油化学コンビナート地帯であり、製造品出荷額は全国第2位の規模である。

経済成長時代には、全国一の数のゴルフ場が開発された。また、北西部地域を中心に住宅開発が行われたこともあり、人口は急激に増加した。一方で、人口は２００３年の約２８万人をピークに減少傾向を示し、２０４０年の将来人口予測では約２２万人に減少すると推計されている。すでに、２０１３年には、人口減少数は県内ワースト1位（翌年は2位）となっていた。

こういった状況にある市原市では、２０１７年度から運用する総合計画の策定に際して、２０１４年度から、筆者（玉村・長瀬）の助言のもとで、総合計画の策定・運用のあり方の検討や、総合計画の前提となる市原市の経営環境の未来予測、総合計画を中核に据えた自治体経営のトータル・システム構築などに取り組んできている。具体的には、まず、総合計画の検討に取り組む前に、市役所職員が中心となり、主に人口予測をベースに、様々な切り口から未来予測を行った。

その結果、例えば、現在の経済状況が続くとした場合、南部地域は高齢化・過疎化が著しいことや、北西地域は人口減少が穏やかに推移すること、耕作放棄地が県内一の面積となり、農業環境が著しく変化することなどが示された。

全国の多くの自治体と同様に、市原市においても、生産年齢の減少や、経済低迷の影響による税収の減少、人口や社会構造の変化による扶助費の増加、社会インフラの劣化への再投資の必要性などから、自治体財政は慢性的に逼迫化してくることが予測された。

その一方で、多様化・複雑化する住民ニーズにも対応することも求められ、こういった矛盾した課題に挑戦していく自治体経営の仕組みづくりが求められる状況であった。

そこで、市原市では、新総合計画を策定するタイミングを一つの契機と捉え、自治体経営のシステム構築にも取り組むこととした。それは、総合計画を中心とした行財政システムの統合化や、総合計画と個別計画の総合化、多様な主体との連携による地域主体のまちづくりの推進など、総合計画を起点に、「行政経営（＝市原市役所という行政組織の経営）」と「地域経営（＝市原市という地域の経営）」の両面での自治体経営が機能する仕組みを設計することとしたのである。

総合計画条例による自治体経営の基盤構築

２０１１年5月の地方自治法の改正により、市町村への「基本構想」策定義務づけ規定が廃止された。基本構想は、総合計画体系の最上位に位置づける自治体が多く、その内容を踏まえた基本計画や実施計画（実行計画）等を策定するのが一般的であった。

そして、そういった総合計画を、自治体の最上位の計画として、各種の計画群や、様々な行政システム（予算編成や評価、組織管理、行財政改革など）を支える役割を担うものとしてきた。

地方自治法の改正により、基本構想策定の義務づけは、法規定からは廃止されたが、その実質的な役割を担ってきていることから、各自治体の判断として、何らかの位置づけがされてきている。

それは、総合計画の基本構想や基本計画が策定された際には、議会の議決が必要とするといった「議決事件」に位置づけることや、自治体の条例体系の最上位に位置づける「自治基本条例」や「まちづくり基本条例」などで、その役割を位置づけること、また、行政経営の基本的な事項を定める「市政に関する条例」や「総合計画条例」等において、その機能や活用方法などを具体的に位置づけることなどが行われている。

なお、「議決事件」に定めることは、あくまで、自治体において総合計画が策定されたときに、議会が議決対象とすることを定めたことを意味しており、その自治体で、なぜ総合計画を策定するのか、また、どのように活用するのかなどは、本来、別途、定めることが求められるものである。

市原市では、その自治体経営の根幹を支えるものとして総合計画を位置づけるために、２０１６年9月に「市原市総合計画条例」が制定された。その特徴は以下のとおりである。

(1) 最上位の計画：総合計画は市の将来の姿を明確に示し、まちづくりの総合的な指針となる最上位の計画であり、基本構想、基本計画、実行計画で構成する。

(2) 議会同意：基本構想を策定、変更する場合は議会の議決を経なければならない。

(3) 計画の総合化：個別計画は、基本計画に掲げる施策の方向性を、特定の行政分野において具体的に明らかにする計画として位置づけ、個別計画の策定にあたっては、基本計画との調整を図る。

(4) 効果検証と進行管理：総合計画の実行性を確保するため、総合計画の進行管理、施策の効 果検証をし、基本計画や実行計画に反映させる。

(5) 外部評価機能を有する審議会：審議会は総合計画の策定・変更や推進、その他の市政の推進に関する重要事項に関して調査・審議を行う。

この条例の制定により、①総合計画を最上位の計画と位置付けることで、総合計画を中心とした自治体経営のトータル・システム構築を図ること。②総合計画と個別計画の総合化を行い、総合計画との期限・期間の整合や、総合計画体系としての個別計画の位置づけ、基本計画に基づく役割分担などを行うこと。③基本構想・基本計画・実行計画で構成される総合計画体系において、それぞれの段階で評価指標を持つことで、効果検証を体系的に行うこと。④従来の審議会は計画策定に主眼が置かれていたが、総合計画体系が持つ評価の仕組みによる検証を行うことや、その評価等を踏まえた総合計画の変更を行うことといった、策定後における役割を担うものとしたこと。などが特徴といえる。

総合計画と個別計画の同時改訂と連動化

市原市では、総合計画の改訂に際して、策定されている「個別計画（分野別計画等）」の実態調査を行った。

その結果、法定計画等を含めて、85程度の計画が存在していた。

そこで、総合計画の基本構想で示す「２０２６年のいちはらの姿」を実現するための計画の位置づけにある「基本計画」の施策体系において、個別計画との連動を図ることとした。市原市の共通目標である「２０２６年のいちはらの姿」の実現に向けて、計画群を連動させることで、総合計画の実行性を確保することをめざしたのである。より具体的な検討を進めるために、総合計画条例に基づき、以下のような特徴を持つ「個別計画の策定・見直しに関する基本指針」を定めた。

(1) 個別計画の期間は、総合計画との整合を図るものとし、２０１７～26年度とする。ただし、法令や国県等の計画の関係により整合が難しいものは個別協議とする。

(2) 個別計画の策定にあたっては、既存の個別計画の必要性や有効性を点検した上で、計画の対象範囲の見直しや整理・統合などを検討する。

(3) 多様化する市民ニーズを捉えるため、様々な手段を活用して幅広く民意を反映させる。また、個別計画策定に関わる審議会や懇談会等についても統廃合を行い、効果的な計画策定を進める。

(4) 個別計画は総合計画の一部を構成する重要性から、市原市職務執行規程を適用し、原則、市長決裁とする。また、企画部の合議を受けるものとする。

(5) 総合計画策定全般に係る調整を行う機関として設置した「新総合計画策定推進本部」を活用し、個別計画の調整の場として位置づける。

このような「基本指針」により、85程度の個別計画を「他計画への影響が大きい計画」「実施計画レベルのもの」「総合計画とは別体系のもの」に分類・選別し、また、個別の調整を行った結果、40の個別計画を総合計画体系に位置づけることとした。

そして、総合計画と個別計画は、可能な限り、同時改訂を行うこととし、改訂時期を迎えたものや、改訂時期の前倒し、改訂時期の一年延期措置などにより、同時改訂をするように調整されていった。

総合計画の期間中改訂によるさらなる改革の促進

市原市では、市長選挙が２０１９年５月に実施され、現市長が再選された。市長マニュフェストの反映と社会経済情勢の変化、人口ビジョン展望推計の下振れを踏まえ、総合計画（２０１７年～２０２６年）の改訂を行うこととなった。この改訂にあたり、企画部・財政部・総務部を中心にチームを編成し、トータル・システムの仕組みを検証して、改善すべき事項を次の通りに整理をした。

①成果指標の検証

基本計画の成果指標１１３本のうち、「基準値より上昇している指標」が80本で、全体の７割以上あり、施策の成果が発現していると考えられる状況であった。また、目標に向けた達成状況としては、「計画を上回っている」が66本、「概ね計画どおり」が４本、「計画が未達成」が40本であった。未達成の計画について、２０２６年までの目標達成に向けた、施策や事業の「やり方の改善（実施方法の改善）」と「やることの改善（実施すべきことの改善）」を促す必要がある。

②成果指標の追加と目標値の修正

企画部・総務部・財政部が連携し、担当事業課へのヒアリングを通じて、成果指標の点検を実施した。その結果、現在の基本計画では、一部の指標については、施策の効果を適切に評価できない指標や、目標値をすでに達成した指標が設定されているため、指標の追加と目標値の修正を行う必要がある。また、基本計画の施策や指標と実行計画の事業が体系的に整理されていないため、それらの体系化を的確に行うことによって、指標動向の検証を通じて、事業のスクラップ・アンド・ビルドを効果的に進める必要がある。

③基本計画の施策強化

これまでの成果や課題、人口フレーム、財政フレームの検証、マニュフェストを踏まえ、現在の基本計画の各種施策を点検し、強化すべき点、新たに取り組むべき点、スクラップすべき事業を的確に反映する必要がある。

④シーズンレビューのブラッシュアップ

市原市は総合計画を中心とした「計画の総合化」と「行政システムの統合化」、また、シーズンレビューによる「総合計画の進捗管理」をトータル・システムとして位置づけている。

シーズンレビューは、年間３回、行われている。「スプリングレビュー」では、部局の一年間の経営方針をもとに、市長との対話を通じて、課題と施策の方向性を共有し、部局の主体的なマネジメントを推進する。また、部局が所管する施策の成果や課題について、各種指標をもとに取組み方針を確認し、総合計画を中心とした行政経営を推進することを目的に実施する。

「サマーレビュー」では、スプリングレビューで市長と確認した課題に対して各部局が検討した結果や事務事業の見直しを含め、変革方針に基づき検討した取組みの方向性を市長と協議し、下半期の取組みや実行計画の策定、次年度予算編成につなげることを目的に実施する。

そして、「オータムレビュー」では、実行計画の策定、次年度予算編成において、市長との対話を通じて各部局から要求のあった事業の方向性を決定することを目的に実施する。

その３年間の運用状況から、システムが形式化して、「課題・改善・反映」のサイクルが機能せず、事業のスクラップが進まず、事務事業が増加する傾向にあった。このような、運用状況を改善するために、シーズンレビューのブラッシュアップが必要である。

⑤事業単位を揃える必要性

事業単位が約１１００本あり、事業の単位が細かすぎ、類似名称の事業が複数計上されている。また、関係する事業が重複して計上されている。実行計画事業の事業単位を市民にわかりやすい形に揃えること、併せて、実行計画と予算事業の単位をそろえる必要がある。改善に向けて２～３年かけ、事業単位を７００程度に統廃合する必要がある。

⑥変革・改革を担う３部門の連携の必要性

企画部所管の「総合計画」と、総務部所管の「行財政改革大綱」「事業仕分け」「事務事業の市民点検」「目標管理・人事評価」の整合化と連動を進める。また、総合計画の「実行計画」と財務部所管の「予算編成」との連携、相互の事業単位の統一、予算編成における「政策規律と財政規律」の連携などの課題がある。

市原市は行政計画の最上位の計画として「総合計画」を位置づけており、自治体経営の羅針盤であり、経営の中核を担う企画部、財務部、総務部が連携して、トータル・システムを推進する必要がある。

⑦部門内・部門間の連携による施策パーケージ化の推進

総合計画では、関連する施策を連動させ、相乗効果により総合的に成果を高める「施策パッケージ方式」を行うこととしている。

点検の結果、部門が連携して施策をパッケージ化するための協議や事業間の情報交換があまり行われていな

図表 6-1 「2026 年のいちはらの姿」を実現する「44 の施策」

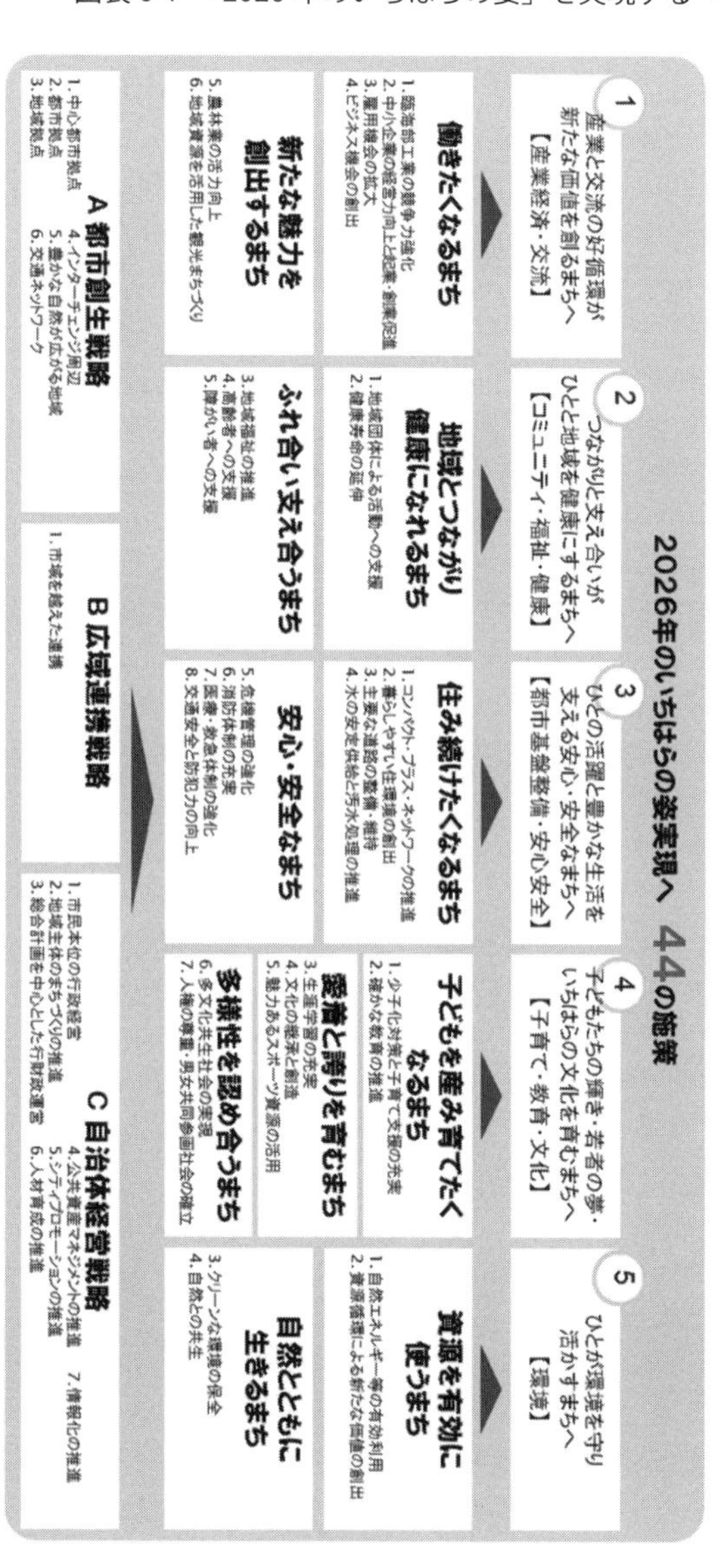

かった。部門内・部門間の連携による施策パッケージの推進に向けた強化が必要である。

こういった課題設定のもと、基本計画が２０２０年に改訂されたことを踏まえ、２０２０年度から「(仮) 企画・総務・財政担当者会議」が設置された。この会議の目的はトータル・システム化の構築と総合計画を中心とした自治体経営改革の推進であり、その構成は、企画部・財政部・総務部の部長・次長・課長・担当と、政策アドバイザー (玉村・長瀬) である。

トータル・システムのポイントは、組織内・組織間の対話を通じた、様々な観点からの気づきを共有し、また、新たな気づきを引き出し、持続的な改善を促すことである。そういった現場での試行錯誤に対し、市長を始めとする理事者も工夫をして後押しをする。市原市ではトータルシステムの追求をもとに、組織風土のあり方も含めた、市長と職員との協働による「変革と創造」の挑戦が展開されている。

第７章　計画群の総合化によるトータル・システム構築

―天草市における総合計画と分野別計画の連動化

肥大化した計画群の整理・統合と連動化

第１章では、天草市での自治体経営改革の概要や、「自治体経営のトータル・システム化指針」のもとで進められてきた「①行政システムの統合化（各種の行政システムを、総合計画を中核に効果的に連動させるよう再構築する）」について解説をした。

本章では、天草市での「②計画群の総合化（個別計画群の見直し・改訂を行い、総合計画の目標年次・期限・部門政策方針などと整合させる）」について解説をする。

計画群の総合化方針

天草市では、２市８町の合併後の８年間に92本の個別計画が策定され、その維持・管理する事務や作業量も負担となっていた。そこで、第1次総合計画の期限が切れ、新たな総合計画を策定・運用する機会に、総合計画と分野別計画を連動させること、併せて分野別計画の整理・統合化を行うこととした。その結果として、計画実施の実効性を高めることを目指すこととしたのである。

具体的には、分野別計画の役割分担を明確にし、類似の計画を整理・統合化した上で、総合計画の基本計画で定めてある部門計画と分野別計画を連動化させることとした。

総合計画の基本計画において「施策計画」として位置付けられた分野別計画については、計画群の目標年次・改訂時期・期限は、原則として、基本計画と同じ周期とし、総合計画全体との整合を図ることとした。また、基本計画では、「政策がめざす姿」、「現状」、「課題」、「施策計画」を明らかにし、分野別計画では基本構想・基本計画の体系に基づく各事業の目標、スケジュール及び詳細な取り組み内容を定めることによって、機能的な役割分担を図ることとした。

また、予算編成は、総合計画の体系に位置づけられる「実施計画兼予算要求書」に基づき行うものとし、各種の分野別計画等は参考資料として位置づけること（＝予算要求の根拠とはしないこと）とした。

天草市では、「計画群の総合化」を進めるにあたり、以下の６つの方針を掲げて推進した。

方針①　計画群の検証と位置づけの確認
方針②　分野別計画の統合化と体系化
方針③　総合計画と分野別計画の目標年次や周期の合致
方針④　総合計画と分野別計画の連動
方針⑤　分野別計画の自主策定の原則

方針⑥　審議会等の統廃合

具体的な「計画群の総合化」の実施方法についての解説として、天草市「自治体経営のトータル・システム化指針」から、「計画群の総合化」に関する、この６つの方針についての記載内容を紹介する。

方針①　計画群の検証と位置づけの確認

(1) 計画点検の実施

①天草市の計画群を点検し、その位置づけを確認する。計画の内容によっては、分野別計画として位置づけない。

※想定される類型

法定計画：法律に基づいて計画（事業の目的、詳細な事業計画、スケジュールなど）の策定が、求められているもの。

独自計画：本市の独自判断として、個別分野の施策等を計画的に実施するために、詳細な事業内容、スケジュールなどを総合的に定めたもの。

届出計画：補助金、交付金など確保や国等から認可を得ることを目的に策定された計画、国の事業の予算枠を確定するために策定された計画、事務事業の遂行のためのマニュアル、業務上の運用指針など。

②補助金や交付金を受けるための計画は、実施計画や歳入の根拠資料などに活用する。

③業務執行や業務運用に属する計画は、組織内部の指針、マニュアルとして活用する。

方針②　分野別計画の統合化と体系化

(1) 類似分野の計画の統合化・体系化

①分野別計画において、個別分野の政策領域が類似している分野別計画を統合化する。

②分野別計画の実施段階を担う計画についても、統合化する。

※例：定員管理計画・行財政改革大綱・財政健全化計画等は「行政経営計画」として統合化を図る。

③法定計画は、可能な限り類似の計画群を一元化し、統合化や体系化を図る。

④施策・事業の詳細について示す計画は、「方針」「指針」として分野別計画の体系に位置づける。

方針③　総合計画と分野別計画の目標年次や周期の合致

(1) 総合計画と分野別計画の期限の整合

①原則として、全ての分野別計画は、前期基本計画（２０１５年～18年）、後期基本計画（２０１９年～22年）期間内に、目標年次や計画期間（4年又は8年）を合致させる。

②国の法定計画で期限や期間が厳密に定められている分野別計画については、計画期限等が基本計画とは一致しない場合、基本計画の改訂時期に、各部門において基本計画に基づき分野別計画の内容を点検し、必要に応じて見直しを図ることとする。

(2) 移行時期

①原則として、分野別計画の計画期間が終了する時点までに、目標年次や計画期間を合致させることとするが、合致させるために前倒しでの改訂を行うことも検討する。

(3) 目標年次や計画期限のない分野別計画の整合化

①目標年次や計画期限のない分野別計画は、原則として総合計画と合せて期限などを設定する。

②法令等で計画の周期が定められているものが総合計画と整合しない場合は、総合計画の周期で見直し・調整を行うなど、国への計画の届出や報告等は情報を整理して提出することとする。

方針④　総合計画と分野別計画の連動

(1) 総合計画に基づく分野別計画の策定

①分野別計画の見直し・改訂時には、総合計画の「基本計画」で定めた部門別の政策、施策計画の取り組み方針に基づき、分野別計画での目標、取り組み内容、スケジュールなどを定める。

②法定計画・独自計画の改訂時にも、可能な限り総合計画の方針を織り込むこととする。

方針⑤　分野別計画の自主策定の原則

(1) 自主策定の原則

①各分野別計画の策定において、現状では54％程度が業務委託されている実態を勘案し、計画の作成にあたっては、職員の政策形成能力の向上を図ることを目的として、原則として担当する課（室）等において作成することとする。

②各分野別計画の策定過程において、専門性を必要とする調査・分析等の必要がある場合は、外部に委託することを可能とする。

(2) 計画素案のパブリック・コメント

①計画素案についてのパブリック・コメント募集を行う際には、事前に庁議に諮ることとする。

方針⑥　審議会等の統廃合

分野別計画に関する審議会等で、委員の重複依頼、職員の事務量の増加、関連予算等の支出などが生じている。その意義や役割を踏まえた上で、職員の事務量や関連予算の軽減を図るとともに、委員の重複等による負担を回避するため、審議会等の統合を検討する。

原則として、各部門単位で政策や分野別計画を策定する際の諮問機関は、１つ程度に統合することとする。また、各審議会には、必要に応じて広く市民の意見・提案等を聴取する専門部会を設けることができることとする。

「私的諮問機関」である懇談会・委員会等については、審議会との重複、あり方、必要性の観点から見直すこととする。

審議会等の統合の検討にあたっては、個別法に基づき審議会等の設置が義務づけさせているものや、条例や設置要綱等に基づき審議会等を設置しているものを区別し、それぞれの目的・役割・審議の領域・義務づけ規定・任意設置規定の内容などを分析した上で、審議会等の統合化を検討する際の前提条件として整理する。

第８章　地域扶助力の維持と自治体経営の効果的な推進を支える自治総合計画

―地域と自治体の「自立と自治」を追求する大木町

単独の道を選択した大木町

大木町（福岡県）は、筑後平野のほぼ中央に位置し、標高が４～５ｍの平坦な農村地帯で、全域に堀が網の目のように張り巡らされた、堀と自然が調和した田園景観が美しい人口約１４、０００人の町である。

平成の大合併のときに、大木町は同じ三潴郡の城島町、三潴町との合併を検討したが、両町は久留米市との合併を望み、実現はしなかった。その後、大川市は隣接する大木町との合併協議会を設置したが、合併後の税金や公共料金などの巡り折り合いが付かず、合併には至らず大木町は単独の道を選んだ。

それ以来、町民と行政との協働により、「暮らしの豊かさを実感できる町」を目指し、協働の力で実現した「くるるん」の循環事業（資源循環システム）、もったいない宣言、気候変動宣言など、まちの持続可能に配慮した循環のまちづくりを推進してきた。

また、人口は、１９７５年を境に子育て政策の充実などにより増加に転じていたが、２００５年をピークに人口が穏やかな減少となり、老齢人口も徐々に増加し続けている。そういった縮小社会の到来を踏まえ、２０１９年から、地域と自治体の「自立と自治」を目指して自治体経営改革に取り組んでいる。

「総合計画」の改訂ではない「自治総合計画」の策定

このような社会環境の変化が進むなか、大木町では、２０２０年度に期限が切れる総合計画に代わり、地域と自治体の「自立と自治」を目指す、自治体経営（行政経営と地域経営）の羅針盤となる「自治総合計画」を策定することとした。それまでの総合計画は、基本構想の抽象化、財政的裏付けのない総花的な計画となっていたことから、自治体経営の指針としての役割を果たせなくなり、また、人口縮小、財政縮小といった縮小社会の進展には対応できないものとなっていた。

大木町の「自治総合計画」とは、住民と行政との協働を基本に、「地域づくりの目的と政策・施策手段」「担い手（＝多様な主体の活動・事業主体）」「財政計画」を三位一体のものとして体系化した、総合的かつ計画的、戦略的な自治体経営の指示書として位置づけたものである。

この自治総合計画は、各種の個別計画群や、様々な行政システム（予算編成、事業評価、組織管理、人事評価など）、中期財政計画などを束ねた、総合的かつ戦略的な自治体経営の最上位の役割を担う計画であり、政策、施策、活動・事業を体系化し、達成すべき目標と、その政策・施策手段・手法を明確にしたものである。

また、大木町の自治総合計画では、自治体が自ら「ヒト・モノ・カネ・情報」などの経営資源を確保し、これらを効率的かつ効果的に活用し、地域と自治体の「自立と自治」を実現する「自治体経営」の実践的な指示書としての役割を担うものであり、具体的には、以下の役割を果たすことを想定している。

①地域と自治体の「自立と自治」を目指す総合的・計画的な政策、施策体系と未来に責任を持つ財政基盤と財政規律を促す。

②様々な行政システムを総合的に機能させる行政経営のトータル・システム化を促す。

③組織力、職員力が遺憾なく発揮され、行政組織の生産性向上を促す。

④住民と行政との協働により、安心して幸せに住み続けることができる町にするために、住民と多様な主体による地域づくりを促す。

⑤住民と行政との協働を前提に、効果的な役割分担により、行政組織の活動を通じた行政経営と住民と多様な主体との協働による地域経営の相乗効果を促す。

「地域扶助力」と「自治体経営の効果的な推進方針」を示す基本構想

大木町の自治総合計画の「基本構想」は、「地域扶助力の維持」と「自治体経営の効果的な推進方針」の2つの役割を担うものである。

①地域扶助力の維持

多くの自治体の総合計画の基本構想では、将来人口の予測を示した上で、人口減少を抑制するための目標を定めるものが見受けられる。

大木町の自治総合計画の基本構想では、地域活力の維持や、地域の支え合いの強化の観点から、２０４０年の「地域扶助力の維持」を目標として定めている。大木町では、地域扶助力として、「相互扶助力（65歳以上の高齢者1人あたりの生産年齢人口（15～64歳）の割合）」と「高齢扶助力（元気な高齢者の割合）」を一定水準で維持することで、地域社会の扶助機能（自助と共助）を保っていく発想に立ち、2040年長期目標として、「相互扶助力」を16・5以上、高齢扶助力として「要介護認定率」16・5％以下を掲げている。

②自治体経営の効果的な推進方針

多くの自治体の総合計画の基本構想では、社会状況と課題、将来人口推計と目標値、財政予測、都市像と理念、指標体系などが記載されている。

大木町の自治総合計画の基本構想では、地域と自治体の「自立と自治」を目指す総合的かつ戦略的な自治体経営の指示書としており、「自治体経営の推進方針」が示されている。その方針に基づき、行政組織の活動を通じて、できるだけ生産性高く、成果を実現することとしている。大木町では、具体的には、以下の10の方針が掲げられている。

〈方針―1〉住民と行政との協働による地域経営方針

持続可能な「循環」のまちづくりを推進していくためには、行政の主体的活動だけでなく、地域づくりのパートナーの観点から、住民と行政との対話、情報の共有など、「協働」をキーワードとして、住民と行政との間に新たな関係の構築が重要となる。

その果たす役割がますます期待される住民や活動団体、NPOなどの育成・支援を図るとともに、企業も含めた多様な主体による地域づくりの推進、協働ネットワークによる校区・地域の「自治」を推進する。

〈方針―2〉行政経営の生産性を高めるシステムの統合化

自治体経営の生産性を高めていくため、自治総合計画の目指す成果や達成状況をわかりやすい情報体系として共有し、様々な計画群や評価・管理システムを自治総合計画と連携させ、「トータル・システム」として機能させていく。

生産性を高める観点から、自治総合計画を基幹に据えた、施策を具体化するメリハリのある活動・事業計画を立案し、毎年評価・検証・改善を行うものとする。

〈方針—3〉行政組織の生産性向上

これまでの地方行革の特徴は、「量的削減」を基本に、行政サービスの在り方を見直さず、行政組織の統合・再編や職員定数削減によるスリム化などにより効率化を図ってきた。

しかし、それにはもはや限界があり、結果として非正規雇用を増やすことで多様化する住民ニーズに応えてきた。

財政逼迫の状況下のなか、これまでの「量的」対応から「質的」対応にシフトする必要がある。新たな行政経営スタイルを確立する上で、職員各々のモチベーションを高め、質の高いワークスタイル改革を推進する。

〈方針—4〉持続可能な都市的土地利用方針

大木町区域は、全域が都市計画区域外で、区域全体が農業振興地域に指定され、都市的都市利用に制限がかけられている。

地域を持続させていくには、相互扶助力を一定の水準で維持することが重要となる。生産年齢人口をどのように確保していくか、働く場としての産業振興をどのように図っていくかが、大木町にとって根本的な行政経営の課題である。

地域コミュニティにおいても、防災・防犯、高齢者の見守り、子育て支援、伝統行事の継承といった地域課題に対する共助活動が今後一層必要となる。このような共助活動には、担い手が必要であり、地域扶助力を高める必要がある。

相互扶助力を維持するため、新規の農業参入や起業希望の移住者、食の景観の魅力に惹かれたＵＩＪターン者、福岡・久留米都市圏の住替え移住などの受け皿としての住宅誘導、なりわいの場としての産業集積を促進する都市的土地利用政策が重要となる。

町全体が農業振興地域であることを踏まえつつ、持続可能な地域をめざした土地利用政策として西鉄駅などの周辺に３つの「居住機能誘導地区」、主要幹線道久留米柳川線沿いに「産業・都市機能誘導ゾーン」を設定し、戦略的な土地利用を誘導していく。

そのために、自治総合計画と連携した土地利用政策として、国土利用計画法に基づいた「(仮称）大木町土利用計画」の策定し、都市的土地利用の実現を図る。

〈方針—5〉公共施設等のファシリティマネジメント方針

公共施設等のファシリティマネジメントの策定にあたり、将来の時間軸を見据え、中長期的かつ全体最適の観点で、修繕、更新、廃止、複合化、長寿命化、規模の縮小、転用、民営化など、あらゆる手法を検討、活用する。併せて、中期財政計画との整合を図る。特に本町の重要な地域資源である「堀」については、行政だけによる単独の維持管理は不可能であり、地域住民と行政との役割分担による協働維持管理システムを構築する。

〈方針—6〉組織連携を育む行政経営方針

重複、関連する政策・施策領域を持つ現在の課を統合し、統合した部門が政策・施策の総合調整機能を担っていく。さらに、住民目線に立った政策のもと、部門間で関連する施策を連動して展開することにより、相乗効果を産み出し、成果を高めるための部門間の「施策をパッケージ化」して取組む「部門間連携」を推進する。

〈方針―7〉広域連携と新しい公共の取り組み方針

公共サービスの提供主体として、自治体間の広域連携や新しい公共（指定管理、民間の活用など）の手法を活用する上で、経営規律が必要となる。

公共サービスの質的向上、効率化と経費負担の妥当性、人材の有効活用、費用対効果の視点から評価・検証を行い、サービス提供主体に対する改善・改革を促し、契約解除、離脱などの行政判断の根拠となる経営規律を構築する。

〈方針―8〉予算に対する政策仕様書としての自治総合計画活用方針

自治総合計画の推進に当たり、政策規律と財政規律の観点から、自治総合計画に位置づけた事業のみ

図表 8-1　大木町自治総合計画体系

基本構想 〈理念体系〉	・ **地域づくりの基本理念・町の将来像と経営ビジョン、** ・ **めざす町の姿、地域経営・行政経営方針** ・ ※「めざす町の姿の象徴的指標」の設定、自治体経営の効果的な推進 ・ ※計画期間7年（2021年度～2027年度）
基本計画 〈情報体系〉	・ **基本構想を具体化する政策・施策方針** ・ ※基本構想を具体化するための計画と成果指標を設定 ・ ※行政経営計画と校区づくり計画 ・ ※前期3年（2021年度～2023年度）・後期4年（2024年度～2027年度）
活動・事業計画 〈行動体系〉	・ **政策・施策方針を具現化するための活動・事業計画** ・ ※自治総合計画と中長期財政計画、予算編成システムの連動、 ・ 総合化と実績指標の設定 ・ ※前期3年、後期4年、毎年度ローリング方式

予算措置が行えることとする。災害や予測不能な社会経済の変動等への対応など緊急的なものを除いて、自治総合計画に根拠のない事業や新規事業については予算措置を認めない方針とする。

また、自治総合計画と整合していない新規の個別計画策定に伴う活動・事業、新規施策による活動・事業に予算が伴う場合は、自治総合計画の基本計画を見直すことを原則とする。

〈方針―９〉条例政策の確立方針

地域と自治体の「自立と自治」を実現する自治体経営改革は、地域固有のルールを「条例」という自治体の最高法規範を用いて実現する必要がある。

分権時代の自治体経営改革のインフラとして、自治総合計画の策定に合わせ「(仮) 地域づくり条例」「(仮) 自治総合計画条例」「(仮) 住民参加条例」などを整え、「条例政策」と自治総合計画中心とした「計画政策」を両輪に、行政経営と地域経営を進めていく方向性を明確にする。

〈方針―10〉新型型コロナウイルス感染症に対応した地域づくりの方針

新型コロナウイルスの感染拡大を契機として、住民の暮らしや、仕事、活動のスタイルに変化が生じてきた。リモートワークの進展によるワークスタイルの変化、それに伴う住職近接のニーズの高まりから、東京一極集中から地方へと人の流れにも変化の兆しが見られる。地方に暮らしながら都心と変わらない便利さを求めるようになってきた。

これからの地域づくりは、田園環境という町の強みを付加し、魅力ある町を創造し、新型コロナウイルス感染症対策の実施により住民の生命・生活を守ることはもとより、ウィズコロナ、アフターコロナを見据え、ニューノーマル（新しい常識・新状態）に対応した地域づくりを推進していく。

自治総合計画に基づく自治体経営を推進するための体制整備

大木町では、自治総合計画に基づいた行政経営を機能させるために、計画の始動に併せた機構改革を行うこととし、２０２０年12月議会に「組織機構改革案」が上程され、議決された。それは、現在の課（町長部局10課、教育委員会2課、議会事務局）を統合・再編して7課制とする。また、業務量や自治総合計画を推進する政策・施策に応じた柔軟な職員配置や事務の分担が可能となることが期待される「グループ・チーム制」を導入するものである。そして、自治体経営改革を推進する仕組みとして、「経営戦略会議」を設置し、そのエンジン役を担うこととした。また、２０２１年3月町議会に、根拠となる「自治総合計画条例」の上程が予定されている。

大木町は「行政区長制度」を採用しており、地縁団体としての自治会・町内会などは存在していなかった。この行政区長制度とは、行政協力制度により、47行政区ごとに、町長が区長（広報誌の配布や行政への要望をとりまとめなどの業務などを担う非常勤特別職の地方公務員）を委嘱し、行政の事務等の補助を行うものである。

２０１９年5月の地方公務員法の改正により、特別職の任用の厳格化が図られた。大木町では、これを契機に、行政区長制度や自治会組織のあり方を検討し、住民自らが自分たちの住む地域をより暮らしやすいものしていくための住民自治のあり方を検討する話し合いが、区長会や各種住民団体などで進められている。その議論の内容として、当面、区長制度を存続し、自治会の設立と小学校区を単位とした「(仮) 校区づくり協議会」の設立、自治総合計画基本計画に位置づける「(仮) 校区づくり計画」策定に向けた検討である。

２０２１年度から、準備が整った校区から「校区づくり計画」の策定作業がスタートとし、住民との行政との協働による地域づくりが本格化する。

第3部

地域経営の生産性改革

——評価基盤の構築による価値共創の仕組みづくり

第９章　幸福感を育む地域づくりを目指す自治体経営

――滝沢市における地域経営と行政経営の相乗効果を促すシステム構築

新しい時代の「市」をつくる

滝沢村（岩手県）は、「人口日本一の村」であり、卓越した経営を行う組織を表彰する「日本経営品質賞」を、自治体で唯一、受賞したことでも知られる村であった。

この滝沢村は、２０１４年1月、市町村合併を伴わない、単独での市制施行を行い「滝沢市」となった。新しい自治体「滝沢市」の発足にあたり、新たな「日本一」を追求することとした。それは「住民自治日本一」である。

滝沢市では、その実践として、様々な仕組みづくりを行っているが、中核となるものとして、自治基本条例を最高規範に据え、情報体系としての総合計画を中心に、様々な行政システムを束ねたトータル・システムを構築し、機能させることに挑戦している。

滝沢市は、盛岡市の西北部に位置し、市の北西部には秀峰岩手山、東部に北上川、南部に雫石川が位置し、豊かな自然環境に恵まれた市である。盛岡市中心から８㎞に位置する立地条件から，１９７０年頃から盛岡市のベットタウンとして人口が増加し、２０００年に人口が５万人を越えた。

「平成の大合併」と呼ばれる、全国的な合併促進策が推進される中で、２００３年に、盛岡市を中心とした六自治体による「盛岡地域合併問題研究会」が設置された。しかし、滝沢は村民の反対から合併はしなかった。その後、全国の人口５万人以上の町村の多くは単独市制に移行している実態や、２００９年度の村民アンケートで盛岡市との合併に反対する意見が６３・５％と、２００７年度調査より２・２ポイント上昇していることなどを背景に、２０１１年から市制移行に向けた動きが始まった。同年３月に開催された「滝沢村行政体制調査研究会」において、人口５万人の基礎自治体として最も適した行政体制は「市」であると結論付けられ、２０１４年１月を目標に市制に移行することが決定した。住民と議会・行政は「市」となることを選択し、住民と行政との連携・協働による「住民自治日本一の滝沢市」を目指したのである。

「村」から「市」への移行を前提に、２０１２年から、「住民自治日本一の滝沢市」を実現するために、慶應義塾大学玉村雅敏研究室がアドバイザーとなり、総合計画を中心に据えたトータル・システム化や計画群の総合化、幸福度指標の設定などに基づく、住民と行政との協働・連携を前提とした、自治体経営の仕組みづくりが始まった。

改革経験から、さらなる挑戦へ

滝沢村は２０１４年１月に滝沢市へ移行するまで、人口約５万５０００人を有する「人口日本一人口の村」

であった。

約二〇年前の滝沢村は、他の市町村でも見られた、「決められたことしかしない」「横並び意識」「ことなかれ主義」が蔓延していたという。このような組織風土を改革するために、組織を挙げた行政経営品質向上活動が、１９９０年代中盤から行われた。

その結果、行政経営のパフォーマンスは向上し、職員の能力も高まり、２００６年「日本経営品質賞受賞」を受賞している。社会に価値あるものを創造する経営の仕組みは、徐々に組織に浸透し、行政経営理念、事務改善活動、各部のミッション・ドメインの設定などを通じて、行政経営の品質向上活動として定着していた。

効果的な自治体経営の仕組みづくり

滝沢はこれまでの経験を基盤としつつ、市制を施行するという、さらなる挑戦に踏み出すことになる。より豊かな地域社会の実現へと向けた、前向きな挑戦である。

「市」への移行は、財源や権限の充実など喜ばしい話だけではない。権限を持つことは、挑戦できることが増えることを意味するが、責任が増えることも意味している。

低成長・成熟化時代は、自治体が何をするかで地域の豊かさに差がつく時代である。また、限られた財源で、豊かな地域社会の実現を目指すという課題に挑戦する時代でもある。そのためには、より効果的な自治体経営の仕組みづくりが求められる。

２０００年代から、滝沢市で追求してきたのは、多様な主体による役割分担や協働・共創によって、豊かな地域社会を実現する「地域経営」と、行政組織による試行錯誤を通じて、生産性高く地域社会における成果（アウトカム）を実現する「行政経営」の相乗効果を促す仕組みである。

「住民自治日本一」に向けたシステム設計

滝沢市で「住民自治日本一」を実現するための、総合計画を中核としたシステム設計の出発点として、これまでの滝沢での経験をもとに、次の五つのポイントを掲げた。

①価値前提の基準として「滝沢ハッピネス（幸福実感と暮らしやすさ）」の把握と追求を行うこと。
②効果的な自治体経営の仕組みづくりがされること（地域別計画×市域全体計画）
③根拠（理念・計画・ルール・データ）に基づく経営を行うこと
④多様な主体による地域づくりが推進されること（自助×互助×共助×公助）
⑤行政の組織力が発揮されること（トータル・システムの構築）

そして、最初の一歩として、「自治体経営環境診断」を行うこととし、地域の将来展望予測から、将来に生る恐れのある事象や現実に起き始めている問題を把握・分析した上で、予測されるリスクを防止・予防する政策のあり方を検討することとした。

また、住民の望む豊かで幸せな地域社会の実現には「何が必要か」「何が可能か」という地域社会の価値を前提に、総合計画の基盤を構築することとした。

滝沢市の「自治体経営環境診断」

滝沢市では、まず、滝沢市が置かれている経営資源や経営環境の実態や将来予測についての情報やデータを、住民・議会・行政で共有し、自治体や地域を取り巻く課題、将来生じる恐れのある問題に対する共通認識を醸成し、直面する課題の解決に向けて、総合計画を中核に取り組むこととした。

なお、「自治体経営環境診断」とは、玉村研究室で考案したパッケージであり、自治体職員のプロジェクトチームが、各種データを集め、分析をするものである（図表9―1）。

滝沢市では、職員のプロジェクトチームを編成し、玉村研究室の監修と、助言・支援を受けながら、①経営資源・実態カルテ ②経営環境・未来予測カルテ③解釈・最悪展望シナリオの三段階で「自治体経営環境診断」を行った（図表9―2）。

実態と未来予測の２つのカルテ作成

経営資源の実態と、経営環境の未来予測を行う、２つのカルテ作成の流れとしては、以下の三つの手順と内容で進めた。

図表 9–1 「自治体経営環境診断」の実践と活用

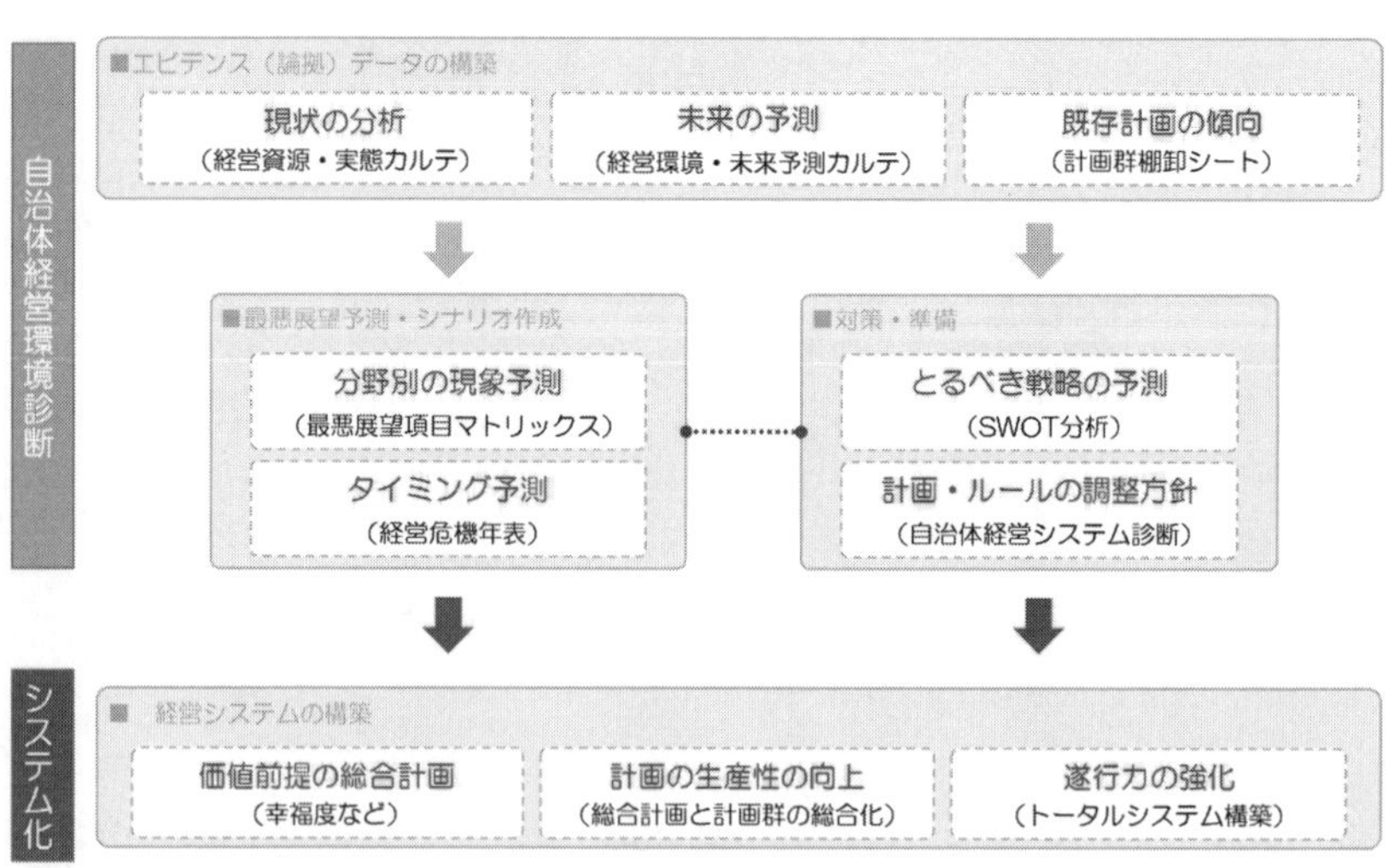

図表9-2　滝沢市における「自治体経営環境診断」

① 経営資源・実態カルテ　… 過去～現在の経営資源の本質を見る

（内容）
A．人的資源　B．生活環境資源　C．都市構造
D．社会資本　E．行政コスト

※1990～2010の間の5年単位のデータを中心に扱う

② 経営環境・未来予測カルテ　… 未来の経営環境を予測する

（内容）
A．財政予測　B．社会資本更新費予測
C．将来児童生徒発生と教室過不足予測　D．将来職員構成予測

③ 解釈・最悪展望シナリオ　… 起こりうる最悪展望を“見える化”する

（内容）
① 最悪展望項目マトリックス（項目ごとのリスク要因の分析）
② 経営危機年表（リスクのタイミングを年表化）
③ SWOT分析（滝沢村の内外の要因から戦略案を作成）
④ 既存計画の傾向＆地方政府づくり診断（政策の棚卸、計画・政策の調整方針）

図表9－3　「経営環境・未来予測カルテ」のイメージ

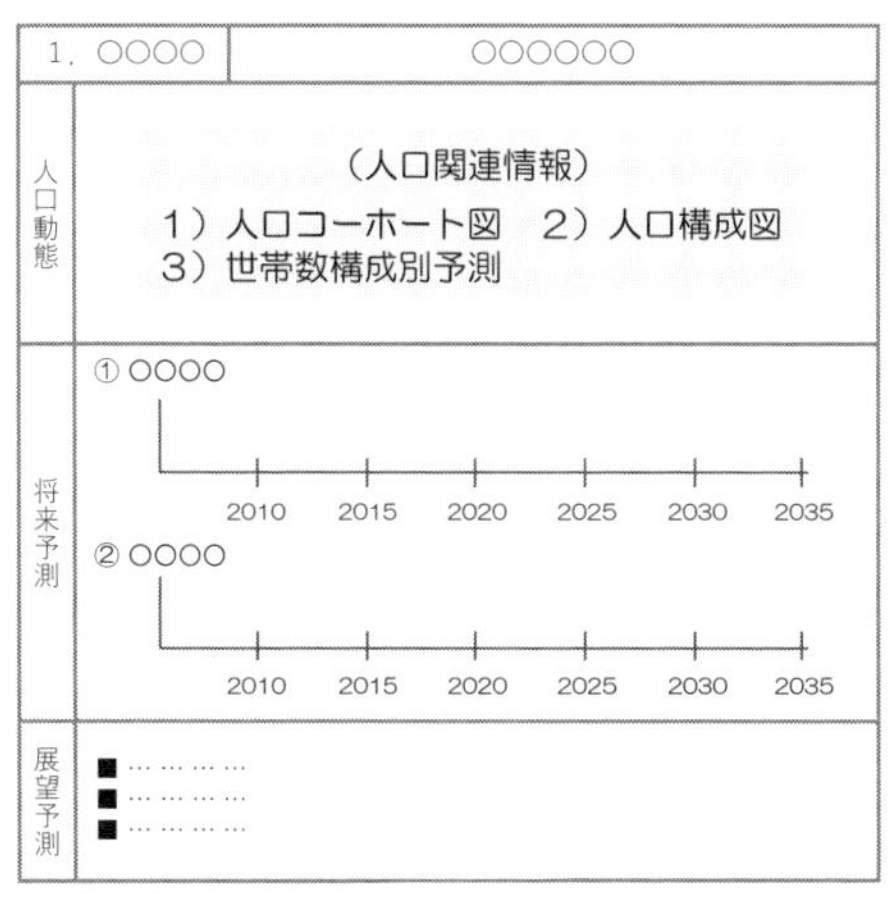

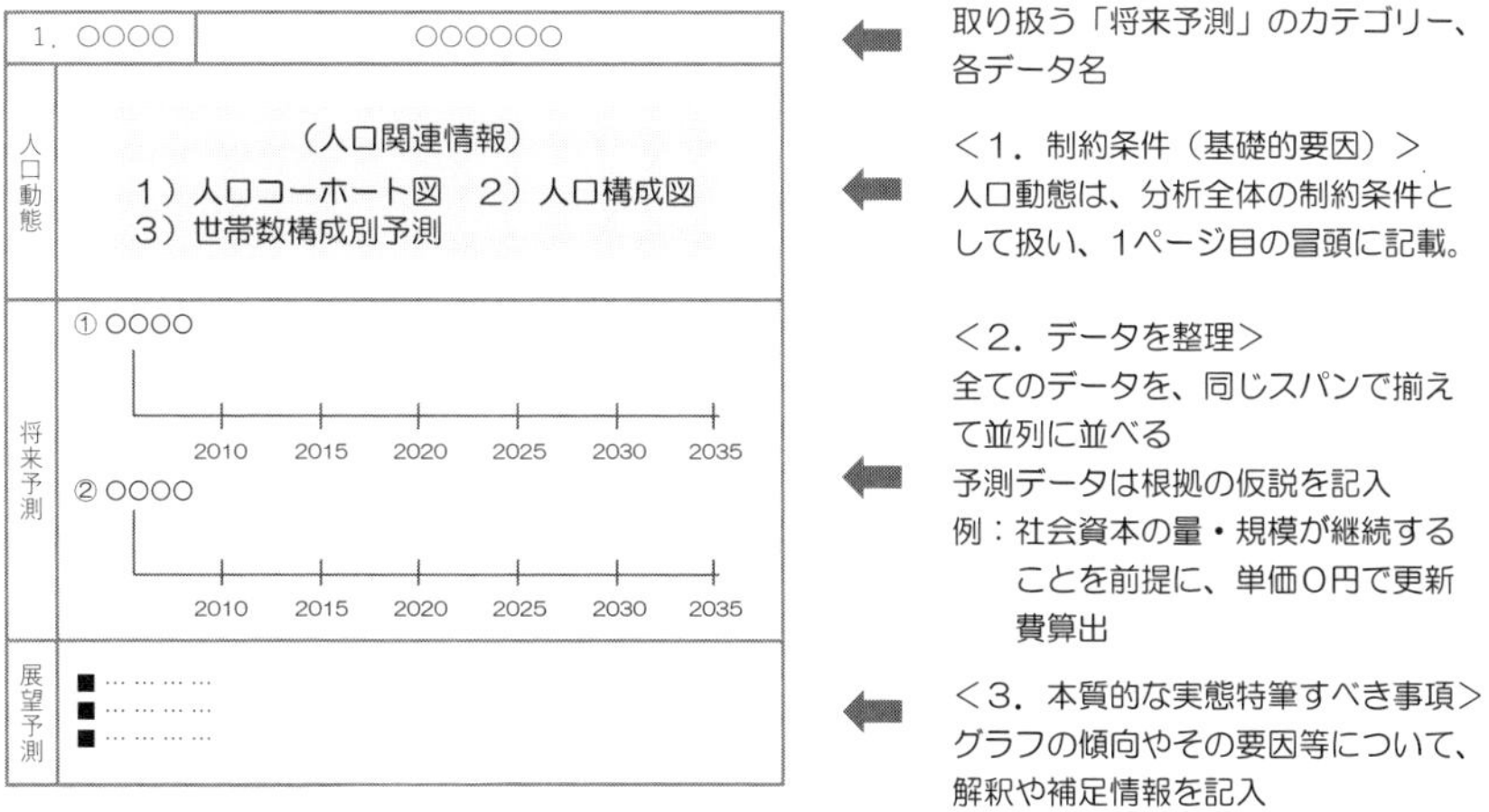

1．○○○○
○○○○○○
人口動態
（人口関連情報）
1）人口コーホート図　2）人口構成図
3）世帯数構成別予測
将来予測
① ○○○○
2010　2015　2020　2025　2030　2035
② ○○○○
2010　2015　2020　2025　2030　2035
展望予測
■……………
■……………
■……………
取り扱う「将来予測」のカテゴリー、各データ名
＜1．制約条件（基礎的要因）＞
人口動態は、分析全体の制約条件として扱い、1ページ目の冒頭に記載。
＜2．データを整理＞
全てのデータを、同じスパンで揃えて並列に並べる
予測データは根拠の仮説を記入
例：社会資本の量・規模が継続することを前提に、単価0円で更新費算出
＜3．本質的な実態特筆すべき事項＞
グラフの傾向やその要因等について、解釈や補足情報を記入

1　制約条件（基礎的要因）の設定

「①経営資源・実態カルテ」では、基礎的要因として、１９９０~２０１０年の国勢調査による5年毎の人口動態コーホート図と人口構成図を、「②経営環境・未来予測カルテ」では、２０３５年までの5年毎の予測として、人口コーホート図、人口構成図、世帯数構成別予測を示す（図表9―3）。

2　地域経営資源・行政経営資源のデータを整理

各要素データを5年スパンの時系列で揃え、1枚のシートに並列に並べる。

3　本質的な実態・特質すべき事項の注釈を加える

職員のプロジェクトチームが、1と2の特質やデータの転換点などを検討し、特質すべき事項に関する注釈（政策、事業などの諸情報）を加え、滝沢市の地域経営資源・行政経営資源の

図表 9-4　データの把握

①経営資源・実態カルテ

O．人口動態：年齢別人口

A．人的資源：自治会数、村委嘱委員数、自治会加入率、自治会連合会交付金

B．生活環境資源：自動車保有率、都市計画区域(市街化区域面積・市街化調整区域)、市街化区域内空地率、世帯当たり住宅床面積増減、自然的土地利用増減、小売吸引力の増減、水洗便所普及率、都市計画道路整備率、地区ごとの生活基盤の状況

C．都市構造：流入・流失人口（就業者・通学者人口）、昼夜間人口比率、１次～３次産業事業所・従事者・生産額、児童生徒数、学級数

D．社会資本：公共施設整備量（建物面積・築年数・延べ床面積・種類別面積）、橋梁・道路整備量、道路延長・道路面積、上下水道整備量

E．行政コスト：義務的経費、経常的経費、投資的経費、その他経費、自主財源（地方税・その他別）、依存財源（地方交付税・国庫支出金・地方債・その他別）比率、一人当たりの行政コスト増減、一人当たりの村民税増減、職員（職員数・平均年齢・給与・年齢構成・男女構成）

②経営環境・未来予測カルテ

O．人口予測：人口推計、世帯推計、産業別人口推計

A．財政予測：地方税・扶助費の相関関係予測図、一人当たりの行政コストと一人当たりの地方税負担相関関係予測図、将来歳入と・歳出との乖離関係予測図、将来歳入予測に基づく起債残高・起債償還予測図

B．社会資本更新費予測：公共施設更新費予測、道路・上下道・橋梁更新費予測

C．将来児童生徒発生と教室過不足予測：児童生徒発生予測と教室過不足予測図
※現況の学級規模と３５人学級の２ケース

D．将来職員構成予測：将来職員構成予測

本質的な実態や将来課題を把握する。

なお、２のデータとしては、可能な限り、多角的に把握することとした（図表９―４）。

なお、ここで、参考として、滝沢市における分析内容を一部紹介しておく。

（財政構造の実態と予測）

将来歳出予測では、高齢福祉・医療・生活保護などの住民サービスに係る扶助費の増加傾向が、行政の合理化ペースを上回る勢いで財政需要を増加させ、２０２０年には市民税で扶助費を賄えなくなる。扶助費の増加、社会資本の再投資と担税力低下が将来歳入と歳出との乖離が財政逼迫を招く。多様化・複雑化する住民ニーズ、単身世帯・高齢者世帯の増加などは、福祉・医療・子育てなどの住民ニーズが増大と行政コストの増加が予測され、一方で、担税力の低下による財政逼迫が予測される。

（社会資本の老朽化の実態と予測）

１９７０年代後半〜80年代の人口増加に伴い集中して、社会資本整備（公共施設・社会インフラ）が行われ、２０３０年以降に大量の老朽化を迎える。老朽化に伴う将来の更新費は、一年間の更新費が約33・８億円、40年間の総更新費が約１３５２・９億円と推計され、財政逼迫の要因に。

（若者世代の流出の実態と予測）

将来人口予測から20歳〜29歳層の市外流出が予測され、若者が住み続けるための雇用創が課題。市内三大学に約３０００人の学生がいるが、市内での一時居住率は約１割。一時定住人口対策が今後も課題。

（行政組織構造の実態と予測）

職員構成の将来予測から二つの山を確認。2015年〜2020年に第1の大量退職期を迎え、2030年頃に第2の大量退職期を迎える。組織力の維持・継承や活力ある職員力の持続性が課題となる。

最悪展望予測の実施

未来を予測する「最悪展望予測」は、人口等の基礎的要因の制約条件を基に、経営環境の将来を各種のデータで予測し、地域経営環境と行政経営に、いつごろ・どのような事象が起こるかの展望を描くものである。また、将来のリスクや、インプット・アウトプット・アウトカムに影響する要因を把握するものでもある。

具体的には、「①最悪展望項目マトリックス」と「②最悪展望に基づく経営危機年表」の作成を行う。

①最悪展望項目マトリックス

現在の社会経済状況が続く仮定のもと、2035年を見据えた予測データを参考に、職員のプロジェクトチームが手分けをして、「政策・サービス・財政の内部経営資源（横軸）」「未

図表9-5　最悪展望項目マトリックス　記入イメージ

未来予測データ ＼ 内部経営資源		政策・サービス						財政		
		経済産業	教育	健康福祉	住民環境	都市整備	企画総務	収支構造	支出構造	財政健全性
財政収支予測	扶助費の増加									
	生活保護費の増加									
	行政コストの増加									
	地方税の減収									
	起債の増加									
社会資本予測	物理的老朽化									
	社会的老朽化									
	社会資本の維持管理									
	学校施設の教室変動									
行政組織予測	組織の高齢化									
	変則的な世代構成									
	市制移行による職員増									
	人件費コスト									
地域資源（ヒト）予測	人口減少									
	高齢世帯増加									
	単身世帯増加									

施策計画を担う6部（部内の課）、並びに財政要素で構成

財政・社会資本・行政組織・地域資源の未来予測をデータを基に要素を構成

1. 最悪展望項目マトリックスの作業は、経営資源・実態カルテ、経営環境・未来予測カルテを職員間で共有することを前提に行う
2. 縦軸と横軸のクロスから、将来の自治体経営上の「リスク」「脅威」「危機」等の要因を課内で議論し、部単位でマトリックス項目に、将来要因を「箇条書き」で、総合的視点から政策上の重要な事項を数点記入する
3. 部単位でのマトリックス項目の要因記入を基に、慶應義塾大学チームで精査

来予測データ構成条件（縦軸）」のマトリックスに、リスク要因、脅威要因、危機要因を整理する（図表9—5）。

②最悪展望に基づく経営危機年表

最悪展望項目マトリックスから、２０１０〜２０３５年の期間で、自治体経営の危機、脅威がいつ想定されるかの「危機年表」を時系列的に示す（図表9—6）。この年表は、何年頃に、何が生じる恐れがあるかを把握するもので、中長期施策のあり方に検討するためのものである。例えば、滝沢市では、２０２０年には、歳入が２０１０年と比較して14％減少する一方で、児童減少による学区再編問題、公民館の利用者減少、生活保護世帯の増加、老人医療費の増加などが予測された。

取るべき戦略の予測（ＳＷＯＴ分析）

これまでの分析の結果を基に、プロジェクトチームによって、内部要因と外部要因を整理し、戦略の方向性を導いた（図表9—7）。

図表9-6　最悪展望に基づく経営危機年表（一部抜粋）

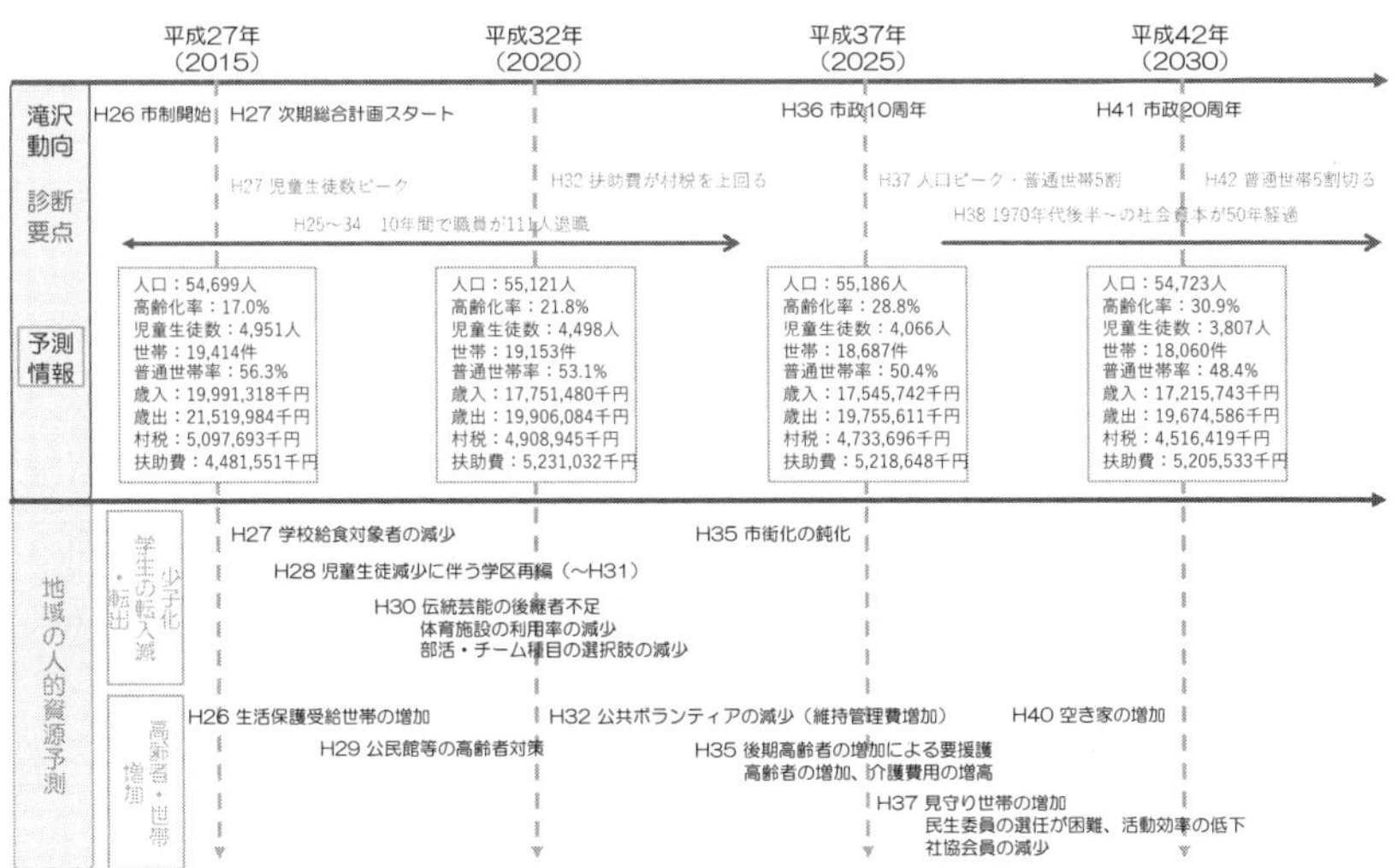

図表 9-7　内部要因と外部要因の把握に基づく SWOT 分析

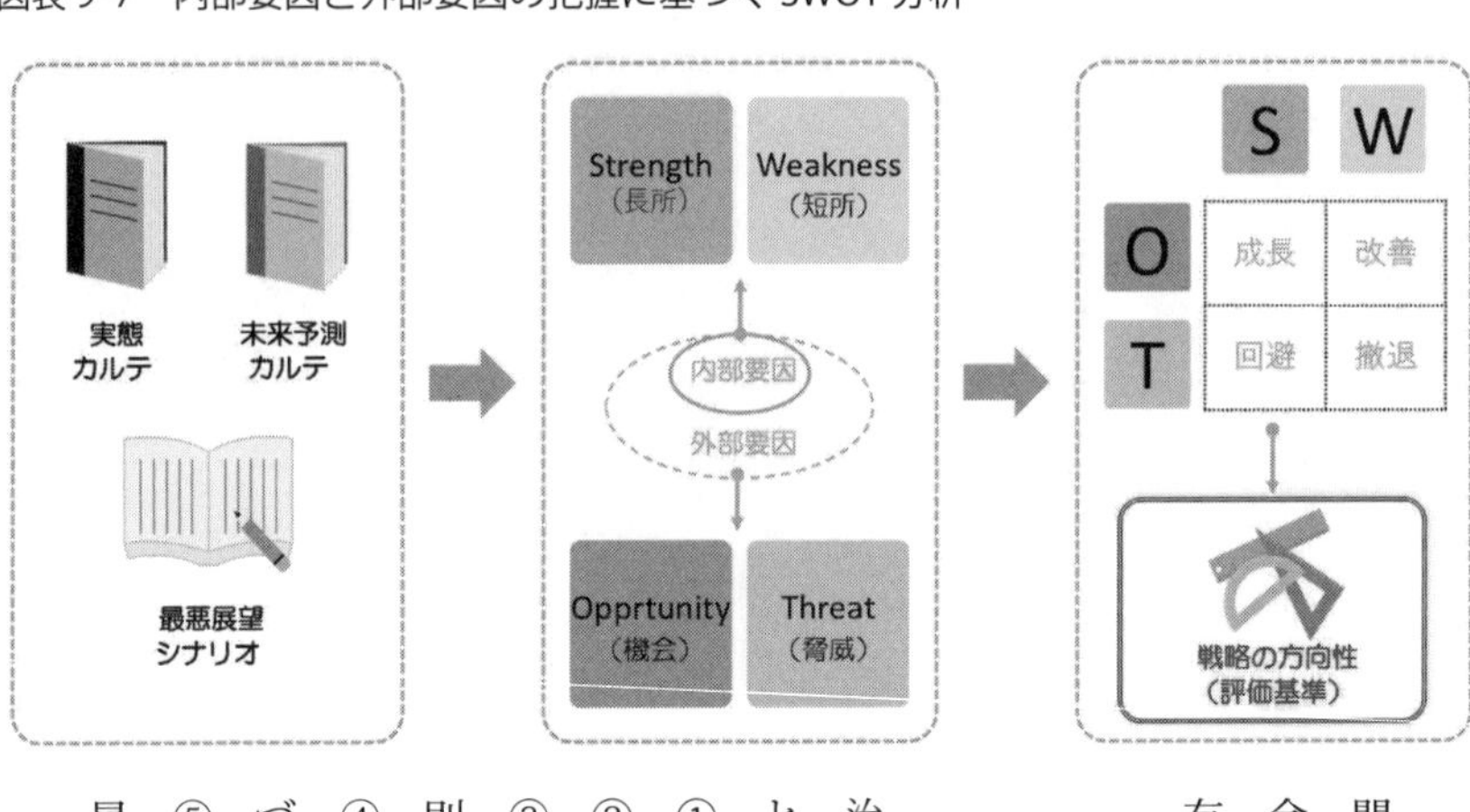

滝沢市では、これらの「自治体経営環境診断」は、大半の職員が関わって推進され、その結果は、改めて、幹部職員や議会全員協議会への解説も行われ、総合計画等を検討する際の問題意識として共有された。

計画体系の整備による自治体経営システムの構築

滝沢市は、市制施行を機に、「滝沢市自治基本条例（自治体を自ら治めるそのあり方と実現方針・施策を規定した最高規範）」を制定することとした。具体的には、

①一人一人の思いの象徴を示した「市民憲章」
②滝沢市が目指す理想の姿を示した「目指す地域の姿」
③目指す地域の姿を実現するために必要なルールを示した「基本原則」
④市民協働による地域づくりを推進することを示した「協働の地域づくり」
⑤総合的かつ計画的な地域づくりを推進するため、総合計画を市の最上位計画と示した「総合計画体系」
⑥行政運営（財政運営・行政評価・行政組織・審議会などの原則）の

規律を示した「行政運営の原則」

⑦地域経営や行政経営を実現するための遂行力としての条例制定を示した「地域固有のルールの原則」

など、「住民自治日本一の滝沢市」の実現をめざした原則や役割分担を定めたのである。

「自治基本条例」とは、一般的には、住民自治に関する基本原則的な事項を規定するものであり、他の条例に対して最高規範性をもつものである。

こういった自治基本条例の理念を効果的に実現するには、自治に関する条例を整えた「条例体系」のみならず、総合計画や各種の個別計画等の整合・総合化を図った「計画体系」の構築がポイントとなる。

自治基本条例や条例体系は、具体的な期間や目標年限は定めずに制定するものであるが、計画体系は、具体的な期間を定めて戦略的に展開するものである（図表9—8）。

いわば、「自治基本条例」で定めた理念を、具体的な期間や目標のもとで、現状を分析した上で、戦略的に策定するの

図表 9-8　自治の最高規範のもとに計画体系と条例体系を整備

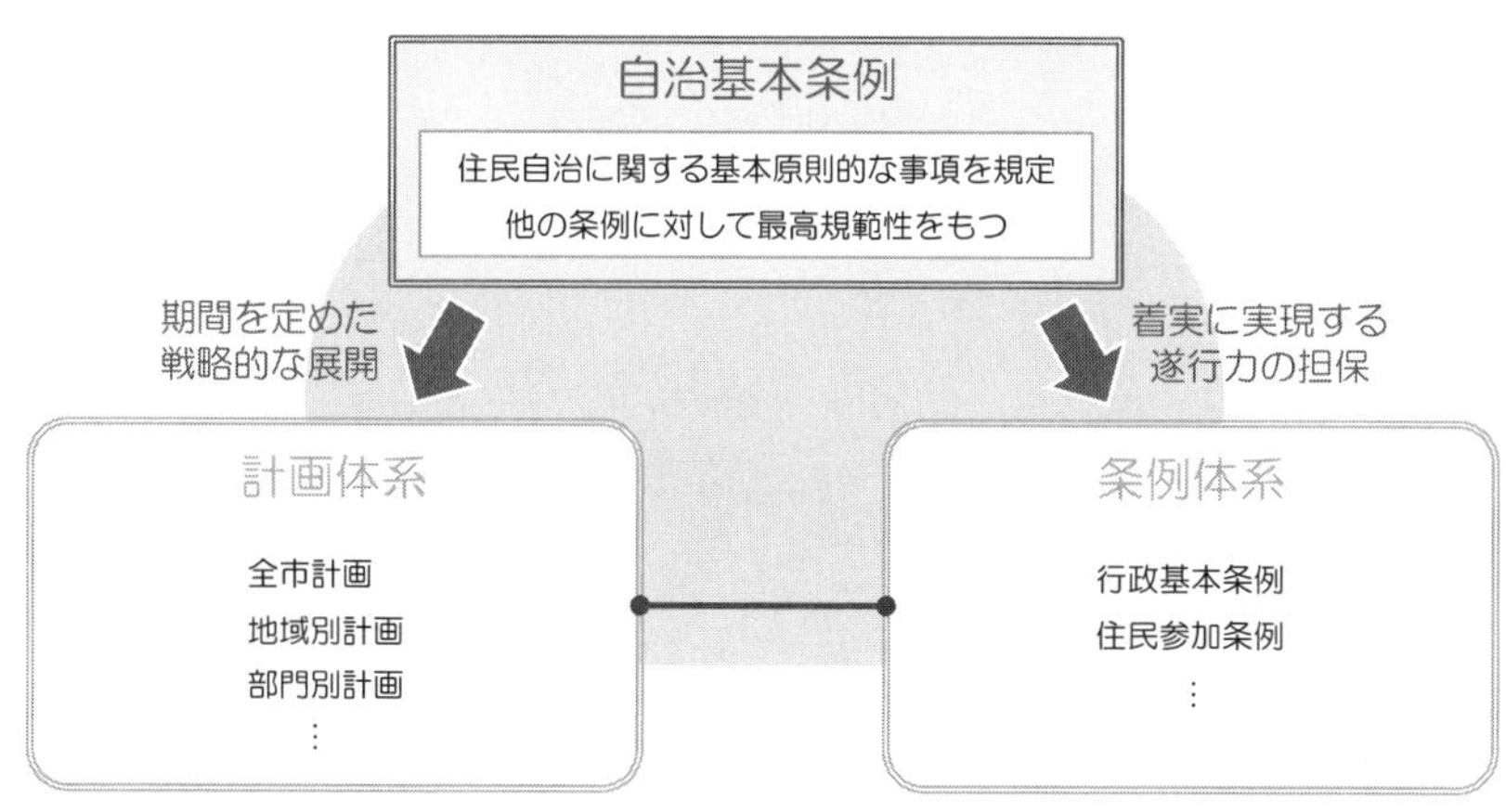

が計画体系である。

この計画体系の中でも、特に総合計画が重要な位置づけにあるものとなる。２０１１年５月の法改正により、地方自治法における、市町村への「基本構想」策定義務づけ規定が廃止されたため、自治体によって「総合計画」の位置づけは異なるが、多くの自治体では、現在も、「総合計画」を、自治体の最上位の計画として、各種の計画群や、様々な行政システム（予算編成や評価、組織管理、行財政改革など）を支える最上位の役割を担うものとしている。

総合計画は、自治体の最上位の計画として、具体的な期間や目標年限を定めて策定するものであり、自治体のあり方を左右するものとなる。滝沢市においても、２０１４年４月１日に施行された自治基本条例において、総合計画を最上位の計画と位置づけ、最上位の計画である総合計画を中核に、さまざまな計画群や行政システムを同じ方向に向けるように再構築をした。

また、計画体系と両輪の役割を果たすよう、自治基本条例から連なる「条例体系」の整備も進めてきた。自治基本条例のもと、議会基本条例、行政基本条例、コミュニティ条例、住民参加条例を加えた条例群を整備することとしている。

滝沢市における総合計画の基本設計

滝沢市の計画体系の中核となる「総合計画」は、３層構造（基本構想・基本計画・実行計画）とし、首長の任期と計画期間を整合させることでマニフェストを推進できる計画とした。具体的には、基本構想８年、基本計画４年、実行計画４年とし、実行計画は毎年、４年先まで見通して策定をするローリングシステムとした（図

表９―９）。

また、以下の方針のもと、総合計画の計画体系の整備を推進した。

①基本計画と個別計画の整合と役割分担

②部門を中心とした組織マネジメントによる計画の遂行

③財政計画と基本計画・実行計画の連動による財政規律の徹底

④住民が主体となって策定・実行する地域別計画と、行政計画としての全市市域計画からなる総合計画体系の整備

地域経営と行政経営の相乗効果

滝沢市の総合計画「基本構想」では、自治基本条例の理念をもとに、「自治体経営環境診断」も踏まえ、地域の目指す価値として、幸福実感や暮らしやすさが掲げられている。

滝沢市では、この「基本構想」で掲げられた価値を実現するために、地域経営と行政経営を効果的に機能させること、また、その相乗効果を促すことをめざし、「基本計画」レベルで、「地域別計画」と「市域全体計画」を定めている。

なお、「地域経営」とは、多様な主体による役割分担や協働・

図表 9-9　総合計画の基本設計

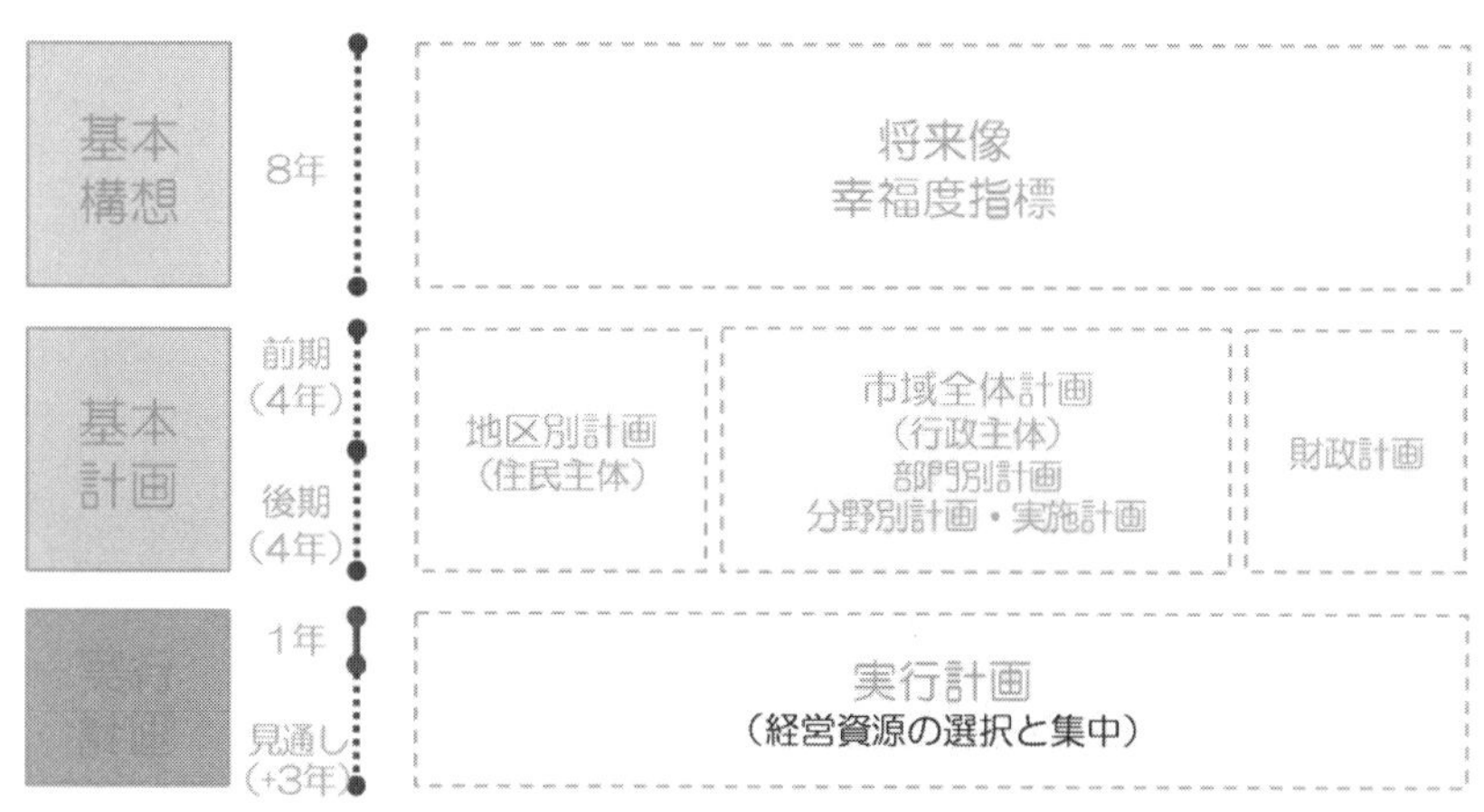

共創によって、豊かな地域社会を実現するための仕組みであり、「行政経営」とは、行政組織による試行錯誤を通じて、生産性高く地域社会における成果（アウトカム）を実現するための仕組みである。

滝沢市では、総合計画の基本計画として、市内の11地区ごとに、地域住民が主体となって、地域経営を推進するための「地域別計画」を策定した。また、行政経営を推進するための「市域全体計画」を策定した。

計画体系に基づく組織と目標の連動

「市域全体計画」は、行政の活動を規定した計画であり、「部門別計画」として「人とのつながり部門」「健康福祉部門」「経済産業部門」「都市基盤部門」「生涯学習部門」「政策支援部門」の六つの部門に対応した計画となっている。

滝沢市では、計画体系と組織体系を一致させており、部門別計画で掲げた部門のミッションから連なる目標体系のもと、部が政策レベル、課が施策レベル、係・担当が事務・事業レベル（実行計画）を扱う、組織マネジメント体制を構築している。

具体的には、まず、基本構想を踏まえ、それぞれの部門が追求するミッションを掲げている。例えば、健康福祉部門は「健やかで笑顔にあふれ、互いに支えあうまちを目指します」、経済産業部門は「次世代を担う若者が育ち、新たな価値の創造に挑戦するまちを目指します」、都市基盤部門は「人にやさしく安心・安全で活力あふれるまちを目指します」、生涯学習部門は「一人一人が学ぶ喜びを実感できるまちを目指します」といったことが示されている。

そして、こういった部門のミッションを踏まえ、課単位で施策を推進するための方針として、33の基本施策が示されている。例えば、健康福祉部門は、「支え合う地域福祉の推進」、「安心と希望のある生活への支援」など7基本施策が示されている。

さらに、この基本施策の方針に従い、具体的な取り組み方針を明らかにした７４の施策が掲げられ、課単位で取り組まれている。例えば、健康福祉部門では、「障がいのある方が地域で共に暮らすための支援」、「みんなで支え合い安心して暮らすための支援」など、17の施策が示されている。

この施策を推進するために、係・担当が扱う、具体的な事務・事業は「実行計画」として示している。例えば、福祉健康部門では、政策―基本施策を実現する手段・手法として１３４事務事業が示されている。

このように、滝沢市では、計画体系（基本構想・部門別計画・実行計画）と組織体系（部―課―担当）が連動し、さらに、その組織における目標体系も連動しており、部門が責任を持ち、各種の指標の点検・評価を行いながら、総合計画を推進する仕組みになっている。

総合計画と個別計画の整合化

個別計画（分野別計画等）は、各種の具体的な分野（例：地域福祉・農業振興・地域防災等）の方針や計画を示すものである。

個別計画が策定された背景として、まず、個別法に基づく「法定計画」の策定が求められたことがある。例えば、老人福祉法や障害者福祉法、あるいは廃棄物の処理及び清掃に関する法律・都市計画法等である。

また、自治体の条例や政策に基づき、個別の政策領域において「独自計画」も策定されてきた。例えば、地産地消推進条例による地産地消推進計画や、観光推進計画などが独自計画である。

なお、「計画」と呼ばれるものであったとしても、補助金や交付金などの申請時に求められているものや、国等から認可を得ることを目的に策定されたもの、国の事業の予算枠を確定するために策定されるもの、事務事業の遂行のためのマニュアル的なもの、業務上の運用指針なども存在している。

本来、個別計画と総合計画の内容は整合化させる必要があるが、多くの自治体では、個別計画の改定のタイミングや周期などが、総合計画とは合ってないことや、総合計画と個別計画の関係が整理されていないことがおきている。より効果的な自治体経営を実現するには、この個別計画群と総合計画の関係を整理する必要がある。

実際、自治体における計画群の実態を点検してみると、①総合計画と個別計画の期間の不整合、②総合計画と個別計画との役割分担が不明確、③基本計画で示された政策・施策が個別計画に必ずしも反映されていない、④個別の分野別政策の総合性を示す計画以外に、補助金や交付金申請に伴う調書も「個別計画」として位置づけているなど、様々な課題が生じている。

滝沢市における個別計画の点検

滝沢市において、個別計画の実態調査を行ったところ、45の個別計画が存在していた。

その実態は、①計画期間は8年以内が50％、12年以内が34％、12年以上・期限無しの計画が16％、②法令で計画策定が義務づけされているものが34％（その他は努力規定に対応して策定したものや独自計画）、③計画策定において、審議会等設置されているものが56％、④総合計画と個別計画の整合を意識して策定された計画が56％、⑤基本構想・基本計画との整合性を図ったものが43％、⑥計画の見直し規定がないものが47％であった。また、職員へのヒアリングから、職員は日常の事務執行では、総合計画より個別計画に重きを置く傾向があることも示された。

実態調査の結果として、①総合計画と個別計画との関係や役割分担が明確にされていないこと、②基本計画で示された政策・施策が必ずしも個別計画に反映されていないこと、③総合計画と個別計画の期間の整合性がなく、個別計画相互においても期間設定にばらつきがあること、④個別計画に見直し規定がないものもあり、情報の新鮮味に欠けている可能性があること、⑤総合計画を中心に、個別計画が連動して政策や施策を追及する仕組みが欠けており、個々の計画は機能しても、計画群全体として機能していない可能性があることが示された。

滝沢市版「計画の総合化」

滝沢市では、計画体系を効果的に機能させるために、その位置づけを整理することとした。

具体的には、個別計画を「分野別計画」と「実施計画」に分類した。

「分野別計画」は「部門別計画において、他の部門との連携により展開する計画」とした。他の部門と連携をして、各政策を横断して展開する全庁的な計画を位置づけることとし、部門の政策は縦割りとなりやすい傾向があるが、その弊害を解決するために、各政策を横断して展開する役割を「分野別計画」が担うこととしたのである。

「実施計画」は「施策または同一の基本施策内の他の施策との連携により展開する計画」とした。実行計画を束ねて展開する事業計画的な計画と整理したのである。

例えば、健康福祉部門では、分野別計画に「滝沢市地域福祉計画」位置づけ、実施計画に、「滝沢市障がい者計画」、「滝沢市子ども・子育て支援事業計画」、「介護保険事業計画」等10の実施計画を位置づけている（図表９—10）。

画の始期及び終期	
年度	平成 34 年度
年度	平成 27 年度
年度	平成 34 年度
年度	平成 34 年度
年度	平成 29 年度
年度	平成 46 年度
年度	平成 27 年度
年度	平成 30 年度
年度	平成 28 年度
年度	平成 30 年度
年度	平成 30 年度
年度	平成 30 年度
年度	平成 37 年度
年度	平成 32 年度

実施計画	計画の始期及び終期	
滝沢市地域防災計画	昭和 62 年度	平成 ― 年度
滝沢市国民保護計画	平成 19 年度	平成 ― 年度
第2次滝沢市障がい者計画	平成 19 年度	平成 28 年度
第4期滝沢市障がい福祉計画	平成 27 年度	平成 29 年度
滝沢市子ども･子育て支援事業計画	平成 27 年度	平成 31 年度
第6期滝沢市高齢者保健福祉計画	平成 27 年度	平成 29 年度
介護保険事業計画	平成 27 年度	平成 29 年度
第2次滝沢市地域保健計画「たきざわ健康プラン21」	平成 24 年度	平成 33 年度
第2次滝沢市食育推進計画	平成 23 年度	平成 27 年度
第4次滝沢市母子保健計画「すこやか親子たきざわ」	平成 24 年度	平成 28 年度
国民健康保険事業計画	平成 27 年度	平成 27 年度
国民健康保険特定健康健康診査等実施計画	平成 25 年度	平成 29 年度
滝沢市観光物産振興ビジョン	平成 22 年度	平成 31 年度
滝沢市チャグチャグ馬コ保存計画	平成 22 年度	平成 31 年度
滝沢市地域経済振興プラン	平成 19 年度	平成 26 年度
滝沢市IPUイノベーションパーク整備計画	平成 21 年度	平成 ― 年度
酪農･肉用牛生産近代化計画	平成 26 年度	平成 27 年度
滝沢市森林整備計画	平成 23 年度	平成 32 年度
盛岡広域都市計画の土地利用計画(市町村決定分)	平成 27 年度	平成 31 年度
地籍調査10か年計画(県単位の実施計画)	平成 22 年度	平成 31 年度
耐震改修促進計画	平成 18 年度	平成 27 年度
道路整備計画	平成 13 年度	平成 37 年度
橋梁長寿命化修繕計画	平成 24 年度	平成 73 年度
滝沢市公共交通計画	平成 28 年度	平成 34 年度
河川整備計画(仮称)	平成 29 年度	平成 38 年度
下水道事業計画(雨水)	平成 29 年度	平成 38 年度
地域保全計画(仮称)	平成 30 年度	平成 39 年度
滝沢市水道ビジョン(前期経営計画を含む。)	平成 27 年度	平成 34 年度
滝沢市汚水処理実施計画	平成 27 年度	平成 47 年度
下水道中期経営計画	平成 27 年度	平成 30 年度
滝沢市番号制度対応基本計画	平成 26 年度	平成 29 年度

野別計画は、総合計画の趣旨を計画に反映させることを義
限り計画期間を総合計画と一致させることとします。(平成
こ合わせた計画の見直しに取り組むこととする。)

る計画。
る他、今後計画を策定又は見直しを行う場合は、可能な限り

図表 9-10　滝沢市における分野別計画・実施計画一覧

				部門別計画	分野別計画	
滝沢市自治基本条例	第１次滝沢市総合計画	基本構想	前期基本計画　市域全体計画	人とのつながり部門	たきざわ輝きプラン2「滝沢市男女共同参画計画」 第9次滝沢市交通安全計画 滝沢市・第2次環境基本計画	平 平 平
				健康福祉部門	滝沢市地域福祉計画	平
				経済産業部門	農業振興地域整備計画	平
				都市基盤部門	滝沢市都市計画マスタープラン	平
				生涯学習部門	滝沢市スポーツ推進計画 滝沢市生涯学習推進計画	平 平
				政策支援部門	国土利用計画市町村計画 滝沢市改善活動アクションプラン 滝沢市中期財政計画 滝沢市職員定員管理計画 公共施設等総合管理計画 滝沢市情報システム最適化計画	平 平 平 平 平 平
			前期基本計画　地域別計画	小岩井地域		
				大釜地域		
				篠木地域		
				大沢地域		
				鵜飼地域		
				姥屋敷地域		
				元村地域		
				室小路地域		
				東部地域		
				柳沢地域		
				一本木地域		

※分野別計画
部門計画において、他の部門との連携により展開する計
務付ける他、今後計画を策定又は見直しを行う場合は、
29年度には、滝沢市第1次総合計画後期基本計画策定
※実施計画
施策又は同一の基本施策内の他の施策との連携により
実施計画は、総合計画の趣旨を計画に反映させることに
計画期間を総合計画と一致させることとします。

また、滝沢市では、総合計画と個別計画の目標年次や周期を一致させ、計画の連動・整合を図ることとした。計画は、総合計画の主旨を計画に反映させることに努めることなど、今後、計画を策定又は見直しを行う場合は、可能な限り計画期間を総合計画と一致させる方針とした。

これらのことにより、滝沢市では、法令で厳格な期限が定められている計画を除き、個別計画と総合計画との整合をはかることが可能となっている。

住民自治日本一で目指す幸福実感：地域で追求する価値の設定

滝沢市では、そのめざす将来像として、滝沢市自治基本条例の第一条で「誰もが幸福を実感できる活力に満ちた地域」を掲げている。

滝沢市の総合計画は、この将来像の実現に向けた計画である。その基本構想では、滝沢市を取り巻く現状や主要指標の分析を踏まえ、求められる自治の基本的な考え方を整理した上で、幸福と暮らしに関する指標の設定をし、「幸福実感一覧表」と「暮らしやすさ一覧表」として掲載している。

「幸福実感一覧表」は、住民自治日本一を目指す滝沢市において、市民や各種団体、コミュニティなどが「幸福感を育む地域環境の創出」に向けて活動するための、市民協働で取り組むためのきっかけとしている。

市民が安心して地域づくりに取り組むには、市の行政として取り組む方向を示すことが必要である。そういった観点から、「暮らしやすさ一覧表」は、セーフティネットを堅持するとともに、市民主体の地域づくりを支援し、幸福感が育まれることを目指すためのものである。

これらの「幸福実感一覧表」と「暮らしやすさ一覧表」の二つの一覧表に掲げる指標の推移を把握すること

で、市民や行政の活動の効果を把握するとともに、主要な統計データによる環境分析により客観性を持たせることとしている。

住民幸福を導くための検討プロセス

滝沢市の住民幸福を導くために、以下の５つの検討プロセスを設定した。

①職員の気づきから幸福度の捉え方を検討
②各種の活動団体へのヒアリングを通じて、住民の実感を収集
③住民と職員の実感や気づきをマトリックスに整理。
④このマトリックスに整理された住民幸福の素案の重み付けをする「みんなで考える滝沢幸せアンケート調査」の実施と分析
⑤アンケート結果をもとに、住民の視点で点検・精査をする「市民会議」の開催。

この五つのプロセスを経て、滝沢市の住民幸福を高めるための価値基準を整理した。

幸福実感一覧表の作成

滝沢市の住民幸福の捉え方として、まず、ライフステージを意識することとした。人は誕生してから、入学・進学・就職・結婚・出産・育児・退職・老後・死亡…といった、一連のライフステージを想定することが出来る。具体的なライフステージとして、「すこやか世代（0～5歳）」「学び・成長世代（6～17歳）」「自立世代（18～34歳）」「子育て世代（35～49）」「充実世代（50～64歳）」「円熟世代（65歳～）」「全世代」の七つを設定した。

図表 9-11　幸福実感一覧表

年代（歳）	象徴世代 ＼ 場面		喜び・楽しさ ワクワクする（W）滝沢市	成長・学び イキイキする（I）滝沢市	生活環境 サワヤカ（S）滝沢市	安全・安心 ホッとする（H）滝沢市	人とのふれあい きずなの滝沢市
0歳	すこやか世代		（子どもに）みんなが笑顔で接してくれること	（子どもに）良い食習慣が身に付いていること	（子どもが）身近に体を動かして遊べる機会があること	親以外に、（子どもの）世話をしてくれる人がいること	（子どもが）大切に見守られていること
		象徴指標	子どもと一緒に過ごす時間（1週間）	家族一緒に食事をする回数（1週間）	子どもが屋外で過ごす時間（1週間）	子どもを安心して預けられる相手がいる親の割合	子どもが大切に育てられていると感じている人の割合
		目標値	（基準値）45時間09分 （平成30年度）46時間20分 （平成34年度）47時間30分	（基準値）10.12回 （平成30年度）12.00回 （平成34年度）14.00回	（基準値）13時間06分 （平成30年度）14時間00分 （平成34年度）15時間00分	（基準値）52.6% （平成30年度）58.0% （平成34年度）65.0%	（基準値）75.3% （平成30年度）77.0% （平成34年度）80.0%
		やってみよう	親などが、子どもに読み聞かせをする 親などが、1日1回子どもを抱きしめる 大人は、子どもの目の高さで、笑顔で話しかける	親などが、季節の食材を取りいれた食事をつくる 家族一緒に笑顔で食事をする 家族が、家庭菜園やプランター菜園に挑戦し、子どもと一緒に収穫する	親などが、子どもと一緒に屋外で過ごす時間をつくる 親などが、子育て世代が気軽に集まれる機会を地域でつくる 大人が公園などで子どもが安全に遊べるように気を配る	親などが、子どもと共に、近所の人との挨拶を大切にする 親などが、子育てを支援する「ファミリーサポートセンター」や「子育て支援センター」を利用する 大人が、子どもが気軽に行き来できるような近所付き合いを心掛ける	親などが、近所に、子育て世帯であることを知ってもらう 親などが、家族みんなで、子どもとふれあう時間をもつ 親などが、子育ての輪を地域でつくる
6歳	学び・成長世代		（子どもが）楽しい学校生活を過ごせること	（子どもが）夢中になって取り組めることがあること	地域の皆さんに（子どもが）見守られていること	（子どもが）悩みを相談できる相手や機会を持っていること	（子どもが）積極的に地域に関わっていること
		象徴指標	仲の良い友だちの数	子どもが夢中になって取り組めることがあると感じる人の割合	子どもが安全に通学できると感じる人の割合	子どもが悩みを相談できる相手がいると感じる人の割合	（子どもが）地域行事に参加した回数
		目標値	（基準値）6. 06人 （平成30年度）8.00人 （平成34年度）10.00人	（基準値）49.9% （平成30年度）58.0% （平成34年度）67.0%	（基準値）46.3% （平成30年度）50.0% （平成34年度）55.0%	（基準値）52.6% （平成30年度）62.0% （平成34年度）70.0%	（基準値）2.18回 （平成30年度）3.00回 （平成34年度）4.00回
		やってみよう	（子どもが）その日の出来事を夕飯の時に家族に話す 親などは、子どもの友だちの名前を覚える （子どもが）子ども会や育成会の行事に参加する	（子どもが）好きな勉強やスポーツを見つけ、取り組む （子どもが）好きな勉強やスポーツについて、親などに話してみる 親などが、運動会や学習発表会、文化祭などを見に行く	（子どもが）毎朝、スクールガードの皆さんに挨拶をする （子どもが）地域のお祭りや行事へ参加する 大人が資源回収などの子どもたちの地域活動に協力する	（子どもが）近所の友だちと遊ぶ （子どもが）友だちと一緒に通学する 親などが、子どもの悩みを知る・学ぶ機会を地域で設ける	（子どもが）近所の人に挨拶する （子どもが）地域の行事に友達を誘って参加する （子どもが）地域に感謝される活動をしてみる
18歳	自立世代		多くの人とのふれあいの機会があり、人間関係が良好であること	身に付けた知識や技術を仕事や趣味の場で活かせる機会があること	地域の皆さんと交流の機会があること	子育てに関わる集まりに参加できる機会が多いこと	地域に仲間がいること
		象徴指標	多くの人とのふれあいの機会があり、人間関係が良好であると感じている人の割合	身に付けた知識や技術を仕事や趣味の場で活かせる機会があると感じる人の割合	地域のお祭りや行事に参加した回数	保育園、幼稚園、小学校などの行事へ参加している人の割合	地域の居心地が良いと思っている人の割合
		目標値	（基準値）43.3% （平成30年度）50.0% （平成34年度）55.0%	（基準値）39.5% （平成30年度）45.0% （平成34年度）50.0%	（基準値）1.84回 （平成30年度）3.00回 （平成34年度）4.00回	（基準値）50.0% （平成30年度）60.0% （平成34年度）70.0%	（基準値）62.9% （平成30年度）68.0% （平成34年度）75.0%
		やってみよう	相手を気遣う気持ちを持つ 時間を上手く使い、自分が自由に使える時間を確保する 近所に、いつでも気軽に集える場所を探す・つくる	学校や職場などで、知識や技術を習得する 学校や職場などで、身に付けた知識や技術を生活に活かす 学校や仕事などで、身に付けた知識や技術を地域に役立てる	広報紙、回覧板を必ず見る 地域の皆さんに挨拶し、名前と顔を覚える 地域行事、イベント、サークルなどに参加する	乳幼児に関する検診、予防接種を必ず受診する 保育園や幼稚園の行事に積極的に参加する 両親学級、子育て教室、親子で参加できるイベントなどに積極的に参加する	地域活動の仕組みを知る 地域活動の会議に参加する 仲間と地域活動に取り組んでみる
	子育て世代		子どもたちの成長を確認できること	情報時代に適応したモラル、スキルを学び、活かす機会があること	子どもたちが地域で遊んだり、学んだりする機会に恵まれていること	安定した生活を送るための、家族の支え合いがあること	親と子どもの関係が良好であること
		象徴指標	子どもとの会話の時間（1週間）	広報やインターネットなどで、地域の情報を収集・発信している人の割合	参加したいと思える地域行事の数	家族の支えのおかげで仕事に専念できていると感じる人の割合	子どもと一緒に地域活動をした回数
		目標値	（基準値）26時間00分 （平成30年度）27時間00分 （平成34年度）28時間00分	（基準値）23.2% （平成30年度）30.0% （平成34年度）40.0%	（基準値）2.03回 （平成30年度）3.00回 （平成34年度）4.00回	（基準値）76.6% （平成30年度）78.0% （平成34年度）80.0%	（基準値）1.38回 （平成30年度）3.00回 （平成34年度）4.00回
		やってみよう	毎日、子どもと会話をする 子どもと一緒に買物に行く 小中学校の行事に積極的に参加する	子どもにパソコンを教える 地域の情報をインターネットなど（パソコン、スマートフォンなど）で探してみる インターネットなどで地域の情報を発信してみる	自然を通して子どもたちと過ごす機会（キャンプ・スキー・散歩など）を持つ 近所の子どもと顔見知りになる PTAや子ども会などに積極的に関わる	家庭内で家事を分担する 育児について相談・助言してくれる相手を持つ 子どもが安心して過ごせる場を持つ・つくる	近所の親子と顔見知りになれるような、近所付き合いをする 地域でのイベントなど、子ども連れで集まれるような機会を見つける 学校行事や子ども会、PTAなどへ積極的に参加する
50歳	充実世代		世代を超えて交流する機会があること	自ら学び、趣味や地域活動に積極的に取り組める機会があること	豊かな自然を活かして、リフレッシュできること	老後の生活設計が描けること	地域活動などに無理なく参加できる機会があること
		象徴指標	ここ一年で地域活動に参加した人の割合	趣味や特技を披露できる機会が地域にある人の割合	定期的に自然と親しむ機会を持っている人の割合	老後の生活設計に不安がない人の割合	地域活動と自分の活動を両立できていると感じている人の割合
		目標値	（基準値）48.3% （平成30年度）52.0% （平成34年度）60.0%	（基準値）15.7% （平成30年度）20.0% （平成34年度）25.0%	（基準値）47.9% （平成30年度）54.0% （平成34年度）60.0%	（基準値）17.8% （平成30年度）20.0% （平成34年度）25.0%	（基準値）34.6% （平成30年度）40.0% （平成34年度）45.0%
		やってみよう	スクールガードに参加する 自治会活動などの地域活動に参加する 子ども会などを支援し、地域の子どもたちに顔を覚えてもらう	新しく自分のやりたいことを探す 趣味や特技を一緒にできる仲間を持つ 趣味や特技を活かして地域の役に立つ	リフレッシュのため、家庭菜園などに取り組む 自分の散歩コースを持つ 仲間と滝沢市の自然にふれあえる機会を持つ	退職後の社会保障制度を学ぶ機会に参加する 退職前後、積極的に近所の人の顔を覚え、挨拶する 地域の健康づくり教室に参加し、健康づくりに気を配る	地域活動の予定をカレンダーに記入する 近所の人・友人を誘って地域活動に参加する 地域活動の集まりなどで、発言してみる
65歳	円熟世代		心身ともに元気になれる趣味や活動を通して、地域に役立つ機会があること	地域の伝統・文化や芸能など、次世代に継承できる機会があること	豊かな自然とふれあいながら、健康増進が図られる機会があること	いざという時にも、助け合える繋がりがあること	地域にお互い支え合い、助け合う仕組みが整っていること
		象徴指標	地域に役に立つ機会を持っていると感じている人の割合	地域の伝統・文化や芸能などに親しむ機会があると感じる人の割合	自分の散歩コースを持っている人の割合	いざという時に、頼れる相手がいる人の割合	地域とつながっていると感じている人の割合
		目標値	（基準値）28.8% （平成30年度）39.0% （平成34年度）50.0%	（基準値）27.7% （平成30年度）36.0% （平成34年度）45.0%	（基準値）47.0% （平成30年度）54.0% （平成34年度）60.0%	（基準値）68.8% （平成30年度）72.0% （平成34年度）75.0%	（基準値）37.2% （平成30年度）44.0% （平成34年度）50.0%
		やってみよう	瑞大学に参加する 老人クラブやいきいきサロンなどに参加する 自治会活動などの地域活動に積極的に参加する	地域の伝統・文化を鑑賞する機会を持つ 地域の伝統・文化の保存活動などに参加する 地域の子どもたちに伝統・文化を教える機会を持つ	家の回りの美化・清掃に取り組む 地域の健康づくり教室に参加し、日頃の生活に取り入れる 自然にふれあえる散歩コースを地域で決めてみる	緊急時の連絡先を分るところに掲示しておく（救急医療情報キットなど） 地域の自主防災組織が行う防災訓練に参加する 地域活動を通して、ひとり暮らしの世帯を把握する	毎日、誰かと話す 仲間づくりの茶話会を開く 地域活動などを通して、様々な世代との交流を持つ
	全世代		世界や全国で活躍する人材を育む滝沢市であること	チャグチャグ馬コが受け継がれていること	岩手山麓に広がる豊かな自然が守られていること	滝沢市の暮らしに安心感と愛着があること	市民が互いに支え合いながら、幸せを実感して暮らせること
		象徴指標	芸術文化及びスポーツに関する市特別表彰の件数（累計数）	チャグチャグ馬コの滝沢市からの参加馬数	地域清掃活動への参加者数	滝沢市に愛着がある人の割合	滝沢市で幸せに暮らしている人の割合
		目標値	（基準値）25件 （平成30年度）37件 （平成34年度）50件	（基準値）38頭 （平成30年度）39頭 （平成34年度）40頭	（基準値）19,971人 （平成30年度）22,000人 （平成34年度）24,000人	（基準値）74.2% （平成30年度）77.0% （平成34年度）80.0%	（基準値）61.0% （平成30年度）68.0% （平成34年度）75.0%
		やってみよう	滝沢市で開催される各種大会などへ見物に行く 滝沢市民が出場する各種大会などへ応援に行く 芸術、文化、スポーツなどに自ら取り組んでみる	チャグチャグ馬コを見る チャグチャグ馬コの由来を知る チャグチャグ馬コを県内外の知り合いに紹介する	ゴミを出す量を少なくする 地域の清掃活動に参加する 自然を守る活動などに参加する	滝沢スイカなど、農産物を食べる 災害時の避難場所を確認する 滝沢市に住み続ける	日ごろから健康づくりに取り組む 毎日、明るく、元気に学び、働く 日ごろから家族に感謝して暮らす

また、生活価値を向上する場面として、「喜び・楽しさ」「成長・学び」「生活環境」「安全・安心」「人とのふれあい」の五つの生活シーン（場面）を設定した。

人が幸福であるための必要な条件には様々な要素があり得るが、ライフステージごとに生活シーンの状態が満たされているとき、多くの人々は幸福感を実感できることが推測される。

そこで、滝沢市では、この七つの「ライフステージ」と五つの「価値向上の生活シーン」を組み合わせた、35のマス目から成る「幸福実感一覧表」のマトリックスを設定し、それぞれのマス目の幸福実感に加えて、象徴指標と目標値（基準値・4年後・8年後）を明らかにした（図表9―11）。

そして、それぞれの幸福実感について、市民が検討した「やってみよう」という項目を挙げている。

住民自治の経験蓄積

滝沢市では、滝沢村の頃の2000年に住民自らが地域の課題を地域の住民自ら解決することを目指して、市内の各地域単位で、地域の25年後を描いた「地域デザイン」を自治会・地域団体・NPOなどが協働して策定した。

その後、2005年から10年間の地域づくりを、自助・共助を前提に、より快適な住環境を維持・向上させ、住み続ける滝沢の姿を描く、地域ごとの「地域ビジョン」の策定が行われた。この「地域ビジョン」は、各地域で20～30名の住民がワークショップ方式で、地域資源を点検し、地域として大切なこと（宝物）を発掘し、目指すべき地域の姿を描き、地域の思いを実現するための手段をまとめたものである。

また、様々な「住民協働事業」も行われてきている。例えば、道普請事業（材料を行政が地域に提供し、地域の住民協働で道を整備する事業）や、通学路の安全見守り活動、高齢世帯への見守り活動、児童・生徒の通学路の安全を見守る活動、地域の伝統芸能の継承活動、故郷の河川環境を保全する活動、美しい田園風景を守る地域景観のルールづくりなど、多種多様な住民発意と主体性による活動が実践されてきた。

こういった実践や活動を通じて、自治会での連帯感は高まることや、自治会間の連携が強まることが進み、また、住民の自発的な社会活動を基盤に、絆が強まり、社会関係資本の形成や蓄積も生みだしている。

住民幸福を追求する地域別計画

滝沢市は、自治基本条例という最高規範のもとに、総合計画を中心とした計画体系を構築している。

自治基本条例の第十三条第一項で「地域コミュニティは、それぞれの特性を活かすとともに、連携し、協力して地域の共通課題の解決を図り、地域づくりを推進するものとします」と掲げ、第十四条第一項では、「本市に居住する者は、地域コミュニティを構成する各種団体に積極的に加入し、その活動に参加するものとします」、第十五条で「コミュニティ基本条例」を定め、地域づくりを推進することが規定されている。

こういった条例を前提に、総合計画を中心とした計画体系においては、基本計画レベルで、住民が主体となって、自助・共助による「地域別計画」を策定することが位置づけられている。住民幸福を追求するために、市内１１地区ごとに、地域別計画を策定し、その実現に向けた行動・活度を展開して行くことを想定している。

この地域別計画の策定と推進を担う「地域づくり懇談会」が、２０１４年4月に設置されている。懇談会は、市内１１地区ごとに、自治会を中心に、地域まちづくり推進委員会、ＰＴＡ、老人クラブ、消防団、活動団体など（20～30名）で構成されている。計画の策定を行った後、毎年、その状況について振り返りをする役割を担っている。

地域別計画のあり方

地域別計画を検討する際には、以下の２つの課題があった。

(1)「地域デザイン」で掲げた、２０２５年を目標とした、地域まちづくりの指針を検証・振り返り、どのように地域別計画に継承させるか。

(2)総合計画の基本構想で掲げた「幸福実感一覧」をいかにして地域で追求するか、世代別の幸福感やそれを実現するための活動・行動をどのように具体化していくか。

そこで、地域づくりコミュニティ懇談会代表者の意見交換会を通じて検討が行われ、その結果として、以下の方針とした。

①地域デザインや地域ビジョンで掲げられた「地域の目指す姿」や「地域の現状課題」については、振り返りを行い、点検・修正して、地域別計画の「目指す地域の姿」に位置づける。

②地域デザインや地域ビジョンの「まちづくりの方針」を点検・修正し、地域別計画の「まちづくりの方針」へ位置づける。

③地域ビジョンで掲げられた「土地利用・地域整備」については、地域と行政で点検し、継承すべき事項は、行政の行動計画である、市域全体計画に反映させる。

④幸福実感一覧については、地域ごとの課題を踏まえ、追求すべき事項を抽出し、具体的な活動・行動モデルを明らかにする。

⑤地域デザインで掲げられた地域の宝物（地域資源）については、再度点検して、地域別計画へ移行させる。また、地域別計画というのは設計上の考え方であるが、名称をそのまま使うのでは重々しい印象を与えることから「幸せづくり活動プラン」とし、また、地域ごとにサブタイトルをつけ、地域住民が活用しやすい、地域づくりの読本として、策定することとした。

地域づくり懇談会を中心に計画策定と推進

地域づくり懇談会を中心に、地域別計画の検討が始まった。まず、懇談会代表者による模擬ワークショップを開催し、基本構想で掲げられた、幸福実感一覧をもとに、地域ごとに追求する住民幸福を導くための演習を行い、検討のプロセスを共有した。そして、懇談会ごとに、月二回程度のペースで検討が行われた。また、中間と最終の段階で、懇談会代表者会議による、進捗状況の報告や地域別計画策定に係る意見交換が行われ、２０１５年３月に「幸せづくり活動プラン（地域別計画）」が全地区で策定された。

著者（高橋・長瀬・玉村）はアドバイザーとして代表者会議や懇談会、意見交換の場面に同席したが、地域課題の解決や幸せづくりをどのように具体化して行くか、真剣に一人一人が検討していた。意見交換から様々なアイデアも出された。例えば、多様な活動主体が連携した幸せづくり活動を推進するために、活動団体の年間活動目標や予定を掲げることで、多様な活動主体の連携を可能にする提案なども寄せられた。

懇談会では、これまでの地域での活動や経験をもとに、自らの実感や意見、可能な活動や行動などについての闊達な発言や検討が行われていた。地域の住民が自ら行動することで、地域の課題解決へ前進することや、住民幸福を高めること、そして、それは個々の幸せにもつながることを実感した発言や行動案が多く見られた。

また、様々な活動を通じて、人々のつながりや絆を高めることが、幸福実感につながることを意識した発言や、人と人の絆や繋がりの大切さを共有しているのも印象的であった。

【参考文献・出典】

熊谷和久「地域計画と行政経営の融合─滝沢市における総合計画」（玉村雅敏・編著『総合計画の新潮流』公人の友社、２０１４年７月）

第10章　官民連携の社会イノベーションを創出するプラットフォーム構築
―ソーシャル・インパクト・ボンド活用による新機軸の実現

行政と民間の連携による生産性改革

社会的な成果（＝アウトカムやインパクト）を実現する際の生産性を高めるには、行政による試行錯誤のみでは限界がある。民間が持つ知見やイニシアティブが発揮され、行政と民間の効果的な役割分担と連携が実現することが重要となる。

その示唆となる実践モデルとして、筆者（伊藤・落合・玉村）らが日本各地の自治体等でそのシステム構築を助言・支援している「ソーシャル・インパクト・ボンド（社会インパクト債権。以下、ＳＩＢ）」について解説をする。

ＳＩＢとは、児童養護、若年就労、再犯防止、ホームレス等の社会課題に対して、①予防的措置の実施を専門的な知見や経験を有する民間機関（サービス提供者）に委託する、②その費用は民間出資者（資金提供者）から導入する、③事業成果に応じて行政が成果報酬を支払う、という仕組みである（図表10―1）。いわば、民間の資金とイニシアティブを活かして、官民連携で、社会的な成果の実現を目指すものである。

公的な事業に民間資金を活用するという意味では、PFI（Private Finance Initiative）と似た仕組みであるが、PFIは「公的インフラ」等を対象とするのに対して、SIBは「公的サービス」を対象としている点が異なっている。

また、SIBは社会的な成果によって、償還金額が変動する点も異なっている。SIBへの出資者は、事業成果の実現に共感しつつも、効果的な施策推進がなされるかを見極めながら、ある程度の事業リスクを前提に出資し、事業が成功した際に一定の投資リターンを得ることになる。逆に、もし事業成果が上がらなければ、元本が償還されないこともありえる。

SIBは、2010年に英国で始まり、米国、豪州、イスラエル、韓国等の世界各地で100本以上のSIBが組成されている。日本では、2015年度に、養子縁組（横須賀市）、認知症予防（福岡市・熊本市等の7自治体）、若年

図表10-1　SIBスキーム

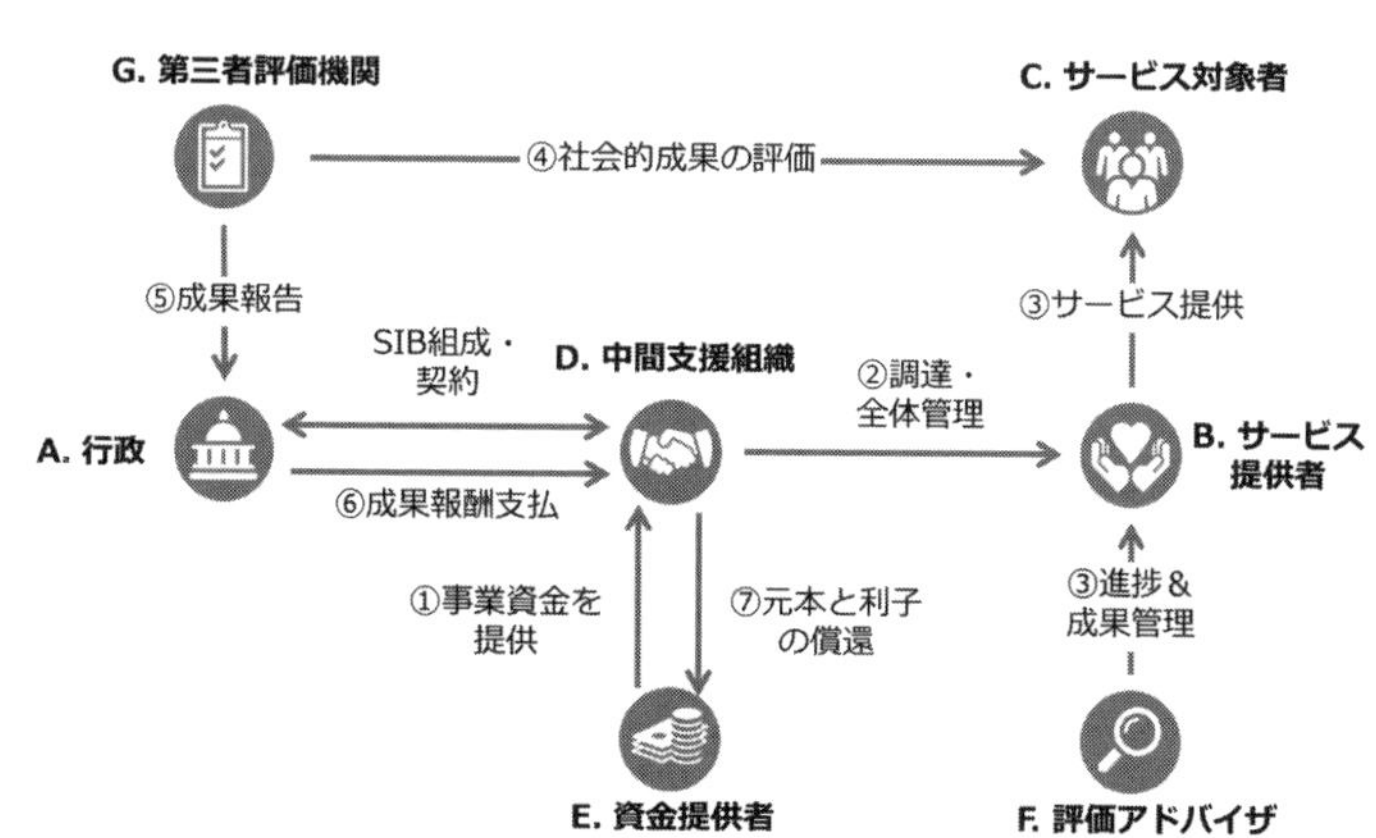

出典：経済産業省「日本版ヘルスケアソーシャル・インパクト・ボンドの基本的な考え方」
https://www.meti.go.jp/policy/mono_info_service/healthcare/chiiki/pdf/28fy_h-sib.pdf

就労（尼崎市）の領域で、行政（自治体）、サービス提供者、中間支援組織、資金提供者、評価機関、評価アドバイザなどが連携をして、パイロットプログラムが行われて以来、様々な領域での挑戦が行われている。

続いて、ＳＩＢの代表的な事例解説を行いながら、メリットや可能性を解説する

エセックス州児童養護プログラム

英国では児童養護のケアが必要な子供の増加が社会課題となっており、現行のケアにかかる費用は一人あたり年間２万ポンドから18万ポンドが必要と計算されている。

エセックス州で実施されたＳＩＢプログラムは、児童養護の対象の子どもを持つ３８０の家庭に対して、施設退所と家庭復帰を支援するものである。

実施５年・評価３年の計８年として、３１０万ポンドの事業コストと、４５０万ポンドのプログラム開発コストが想定され、また、児童の施設入所日数の減少をもとに便益計算を行い、過去の６５０件のデータを基準に、想定される社会インパクトを出している。投資家への想定リターンは、３８０件のうち１１０件の家庭復帰を目標に、中間値のパフォーマンスでＩＲＲ（内部収益率）８～12％を設定している。

ＳＩＢは、民間が有する知見やノウハウを導入することで、成果を効果的に実現するものでもある。このプログラムでは、米国サウスカロライナ医科大学のスコット・ヘンゲラー教授（臨床心理学）らが開発した青少年の暴力・破壊・非行・犯罪行動に対する心理学的介入技法であるマルチシステミックセラピー（ＭＳＴ）が導入された。

ロンドン市ホームレス社会復帰プログラム

ホームレスの社会復帰に対するＳＩＢプログラムとして、ロンドン市とコミュニティ・地方自治省が、２０１２年に特定目的事業体（ＳＰＶ：Special Purpose Vehicle）を設置し、４年間の償還期間で、投資家から２００万ポンドを受け入れている。

このＳＩＢは、元本保証はないが、もし事業が順調に成果を上げた場合、発行元となったロンドン市が、元本とリターンを合わせて最大５００万ポンドの支払いを保証するものである。

ＳＩＢは、事業の財務的な成果ではなく、事業の社会的な成果に応じて、投資リターンが決定される仕組みである。

このプログラムでは、事業の対象となったホームレスのうち、路上生活から定住し、社会復帰を果たした割合によって、投資リターンが変動するものとしている。もし目標に達しなかった場合、投資家は元本を失う可能性もある。

ロンドンにおけるホームレス対策の行政コストは、医療、シェルター、カウンセリング等、１人あたり５年間で３・７万ポンド（約６３０万円）かかるとされている。もし、今回のプログラムにより、約８００名のホームレス全員が社会復帰すれば、今後５年間の便益は３０００万ポンド（約51億円）となる。単純計算では、11％程度のホームレスの社会復帰を実現することが、２００万ポンドの投資に対する採算分岐点となる。それ以上であれば、投資家にプレミアムを付けて投資を償還することができることになる。

公的資金の投入方法の革新と生産性の向上

これまでの行政サービスに関する委託事業は、委託先による事業実施（＝アウトプット）に対して、公的資金を支出するという発想であった。一方、ＳＩＢは、事業の「実施」ではなく、「成果（＝アウトカムやインパクト）」に対して支出するものである。

例えば、ＳＩＢの第1号案件である、英国の「再犯防止プロジェクト」では、受刑者に対するカウンセリングや、刑期終了後の職業訓練・メンタリング等を専門的な非営利組織に委託している。これまでの発想では「対象者何名へのサービス提供か」といった、事業実施の対価としての委託費を積算することになる。だが、このＳＩＢでは「刑期後1年間の再犯率が何％低減したか」といった事業成果をもとに、受託者への支出が決定されている。こういった「成果連動型」の公的資金の投入は、成果の実現に関する生産性向上を促す可能性がある。

ＳＩＢは、多様な主体による役割分担と連携を前提に、各種の契約や取り決めを交わして、実践モデルを構築するものである。この実践モデルでは、めざす成果を生産性高く実現できるように、持続的に、様々な工夫と改善を行いながら、サービス提供が行われることになる。

また、めざす成果が定量的に設定され、公表されることや、（資金リスクを負っている）資金提供者の存在がいることは、一種の緊張感を生み、成果の生産性を上げる試行錯誤を行うインセンティブともなる。

さらに、めざす成果が定量的に設定され、その実現に対して公的資金を投入するというＳＩＢの発想は、行政の役割として、より高い成果を生み出せるよう、民間のノウハウやイニシアティブを引き出すことが期待されることとなる。加えて、成果を実現する可能性がある新機軸を導入する誘因も働きやすく、結果として、生産性を上げることに繋がる可能性もある。

「予防的措置」による社会課題の解決と財政負担の軽減

ＳＩＢは、社会課題の発生を未然に防ぐ「予防的措置」に着目し、高い成果の実現と、財政負担の軽減に挑戦するものである。

例えば、先述の「再犯防止プロジェクト」では、再犯率が現状のままであれば、刑務所の運用等の収監コストとして、受刑者一人当たり数百万の社会的コストがかかることになる。だが、「予防的措置」として、受刑者に対してカウンセリングや職業訓練を行うことで、再犯率（＝社会的コスト）を下げられる可能性がある。すなわち、予防的措置を実施することで「再犯」という社会課題の発生を防げることに加えて、この予防的措置に必要なコストが将来の収監コストを下回れば、財政負担の軽減ができる可能性がある。

寄付的資金のリサイクル化

ＳＩＢは、当初費用を民間出資者（資金提供者）から導入し、事業成果に応じて行政が成果報酬を支払うものであるが、ＳＩＢへの資金提供者にとって、どのような意義（メリット）があるのであろうか？

英国や米国の事例では、資金提供者には、大きく二つのパターンがみられる。

一つ目は、助成財団や篤志家が、ＳＩＢへの資金提供者となるパターンである。助成財団や篤志家は、その目指す理念のもとで、無償の寄付的資金を拠出している。これまでのやり方では、期待される成果の実現に向けて「寄付を提供する」という一方向の資金の流れのみであったが、ＳＩＢに出資した場合、成果の実現とあわせて、「資金の償還」を受けることが可能になる。その結果、資金の「リサイクル」ができ、さらなる資金提供が可能になるというメリットがある。

社会的投資の魅力的な受け皿

二つ目は、社会的投資の運用資金を預かる組織（投資銀行や財団等）が資金提供者となるパターンである。例えば、米国のＳＩＢでは、ゴールドマン・サックスやメリルリンチといった投資銀行が１０億円以上の資金を投資するケースがある。

社会的投資とは、社会課題の解決と投資収益の両面での成果を追求するもので、（財務的なリターンを期待しない）寄付とは異なり、利子・配当といった財務的な成果も重視するものである。

サステイナブル投資（＝ＥＳＧ（環境・社会・ガバナンス）を考慮して、投資先の選定と運用行う投資」を推進する国際組織であるＧＳＩＡ（Global Sustainable Investment Alliance）が２０１４年に発表したレポート「2014 Global Sustainable Investment Review」によると、社会課題を解決するための投資（インパクト投資）の規模は、２０１４年初の段階で１０９０億ドルあるとされ、２０１２年から26・１％上昇している。

このように、社会的投資はすでにある規模を有しているものである。その受け皿の1つとして、政府の関与や投資成果の評価などが設計されているＳＩＢは魅力的なものとなっている。

成果を追求する事業者に資金を提供

ＳＩＢを通じて公的サービス提供を行う事業者（中間支援組織やサービス提供者）は、事業の「実施」を担うだけではなく、その事業の「成果」実現も担うことになる。

その際には、その成果がもたらす社会インパクトを計算し、行政による成果報酬の支払い保証を設定した上で、資金を集めること、さらに、その資金を用いた新機軸の事業展開を行うこととなる。

　こういった要素は、社会的な成果の実現を目指す事業者にとっては魅力的である。

　実際、ＳＩＢ実施の事業者として手を挙げる事業者は、英国でも米国でも数多く存在する。例えば、英国における若者支援のＳＩＢでは、10件の事業が公募されたが、38件の応募があった。

日本におけるＳＩＢの導入

　日本でのＳＩＢについては、２０１１年ころから慶應義塾大学の筆者チーム（伊藤・落合・玉村）がシンクタンクや中間支援組織などと一緒に研究会や検討プロジェクト等を推進してきたが、２０１５年度に、公益財団法人日本財団が独自予算でのパイロット事業として2件（横須賀市・尼崎市）を実施したこと、経済産業省が「健康寿命延伸産業創出推進事業（ヘルスケアビジネス創出支援等）」の一環として、高齢者介護予防領域での「成果報酬型ソーシャルインパクトボンド構築推進事業」を採択したことから、急速にＳＩＢ導入の機運が高まった。

　これらのプロジェクトは、一般の投資家からの資金調達や、行政からの成果報酬の設定はしてないが、養子縁組、若年就労、認知症予防といった社会課題に取り組み、実際の成果も上げている。また、予防的処置に取り組む事業のインパクトを評価しており、ＳＩＢ導入による財務面の効果や受益者の社会的便益を可視化するという意味においても意義があるものである。

事例１：特別養子縁組促進プロジェクト（横須賀市）

「子どもが主役になれるまち」として子育て施策の充実を図る横須賀市（神奈川県）は、日本財団と協働する形で、２０１５年度にＳＩＢを使った児童養護のパイロット事業を実施した。２０１５年4月からの1年間に、横須賀市の児童相談所と、中間支援組織としての一般社団法人「ＲＣＦ」と日本財団の協力の下、一般社団法人「ベアホープ」がサービス提供者として、特別養子縁組を目指した事業を実施した。望まない妊娠で悩む女性のサポートや、特別養子縁組の機会の提供、また養子を迎える夫婦への支援を行うものである。具体的には、横須賀市に住む生後３ヶ月未満を含む乳幼児を対象とした「特別養子縁組」を推進することにより、家庭的擁護の実現と社会的擁護のコスト低減を目的としている。ベアホープは横須賀市の児童相談所や地域の病院等と連携し、横須賀市在住の子どもを養育する意思または能力のない妊娠中の女性からの相談を受け、特別養子縁組が適合する場合は全国の養親希望者とのマッチングを行った。

この事業の社会的便益の試算によると、子ども4名が１８歳になるまで児童養護施設等で過ごすことで発生する社会的コストは18年間で約３５００万円と推定。それに対するＳＩＢ事業費は合計約１９００万円。これを基づけば横須賀市は約１６００万円のコスト削減効果があり、国の負担費用を含めると結果的に５１００万円のコスト削減効果が生まれることになる。もちろん、コスト面以外の効果も実現されることとなる。

事業開始1年後の２０１６年3月の時点では、全ての結果は出ていたわけではないが、１件の特別養子縁組が成立し、その他2件についても縁組に向けて同居を開始していた。

このパイロット事業では、行政と民間の連携や権限移譲のあり方や、（養子縁組件数以外も含めた）評価指標のあり方などの検討も行われた。

事例２：高齢者認知症予防プロジェクト（九州・首都圏の介護施設、福岡市等の7自治体）

2件目の事例は、九州・首都圏の介護施設、福岡市等の7自治体で行われた認知症予防のプロジェクトである。経済産業省の委託事業として、２０１５年7月~２０１６年3月に株式会社「公文教育研究会」（以下、公文）が代表団体となり、中間支援組織として日本財団と「福岡地域戦略推進協議会（ＦＤＣ）」、サービス提供は公文および介護施設、自治体が主催した「脳の健康教室」等で実施した。成果指標の構築と評価は、慶應義塾大学（医学部、ＳＦＣ研究所）が担当した。その成果は、経済産業省から公開された日本版ＳＩＢに関する概要書の作成にも活用されている。

公文は、「公文式」として知られる教育サービスを提供しているが、２００４年から、認知症に関わる「学習療法」「脳の健康教室」プログラムを開発・実施している。

今回のパイロット事業では、「認知症重症化予防」の観点から、学習療法（1日30分、週に3回以上、対象者2人と施設職員一人で学習活動を実施。学習の内容は読み書き・計算、コミュニケーションなど。教材・教具がパッケージとなっており、認知機能の維持・改善効果がみられるプログラムを提供）を、入所・通所の要介護認定者に対して実施した。また、「認知症予防」の観点から、脳の健康教室（週1回30分の学習を実施。主な内容は学習療法と同様。対象者2人に対しボランティア1人で、公民館等の施設を利用し、学習を実施するプログラムを提供）を、要介護認定のない高齢者に対して実施した。

その結果、5ヶ月間のプログラムにおいてもポジティブな結果が示され、定性的にも、学習療法の実施が、認知症の重症化予防に貢献することが介護者のインセンティブになり、介護のオペレーションが改善することなど、様々な可能性が示唆された。

事例３：若年就労支援プロジェクト（尼崎市）

３件目は、認定ＮＰＯ法人「育て上げネット」によって実施された、尼崎市（兵庫県）における若者の就労支援のパイロット事業である。この事業は、日本財団の助成事業として、２０１５年７月～２０１６年６月に、日本財団ＮＰＯ法人「日本ファンドレイジング協会」を中間支援組織、武蔵大学を第三者評価機関として実施されている。

尼崎市の生活保護受給世帯における15歳～39歳の就労可能と想定される若者（ただし、特に引きこもり等の行政機関やケースワーカーがリーチできていない方）を対象にしたアウトリーチ（訪問支援）等の活動を実施し、尼崎市の就労支援施策と連携させることで、若年失業の解消と同時に、社会保障費の低減、税収の増加を図ることを目指すものである。

15～39歳で、いわゆるニートや引きこもりとなっている方に対して、行政機関等の活動では、人的資源配分の限界もあり、リーチできていない状況になりがちである。

育て上げネットは、ニートや引きこもりの若者への訪問支援や職業訓練を提供し、就労に繋げるといった経験と実績を有する団体である。尼崎市には、すでに、生活保護世帯に対する若年就労支援の施策が存在していたため、育て上げネットは、特に、引きこもり等の若者が就労支援施策にアクセスするまで訪問支援等の役割を重点的に担うこととなった。

ＳＩＢにおけるインパクト評価の課題

これまで紹介した、２０１５年度に行われた3件の日本におけるパイロット事業の実施から、社会課題に対して、民間のサービス提供者が蓄積してきた知見を活かすことで、実効性のあるサービス提供が可能となることが示されたが、いくつかの課題も確認された。まず、プロジェクトのインパクト評価の課題である。そして、国・都道府県・基礎自治体の予算編成の構造から、ＳＩＢの前提となる成果連動型支払いについての工夫が必要という課題である。

ＳＩＢにおけるインパクト評価は、事業の長期的な費用便益を評価するだけではなく、事業が社会課題をどのように改善するのかについて、評価モデルを構築する必要がある。

例えば認知症予防プログラムでは、将来に及ぶ介護費用の削減についての費用便益の算出を行い、成果連動型の支払いとすることになるが、長期間の将来推計が難しい場合がある。

英国の事例では、（事業毎に評価指標と便益モデルを作成するのではなく）国等が事業別に一律のプライスリストを作成することも行われている。例えば、若者支援事業の事例では、進学や就業といったイベントごとに、一人あたりいくらといったプライスが設定され、10 のプロジェクト共通で適用されている。

予算の単年度運用と国・地方自治体の予算連動

ＳＩＢは、通常、その成果の発現などを考慮して、複数年度での事業実施となるが、予算が単年度で運用されている場合、その位置づけの工夫や調整が必要になる。

その対応としては、債務負担行為による予算化や、（一定の予算規模があれば）ＳＩＢの予算を基金化することなどが想定される。

また、特に地方自治体の場合、その予算は、独自の財源設定と、国等からの交付金から成り立っていることも考慮する必要がある。例えば、仮に、若年就労のプロジェクトを想定する。生活保護の予算において、基礎自治体が全体の25％を負担していると考えると、自治体単独でＳＩＢを実施した場合、成果が上がれば、国からの予算が減額されてしまうケースもありうる。場合によっては、自治体にとってはインセンティブとならない可能性もある。国・都道府県・基礎自治体と連携してＳＩＢの導入に取り組むことが必要とされる領域も想定される。

【参考文献・出典】伊藤健「社会的投資が生み出すイノベーション」『ＷＥＤＧＥ』２０１４年6月号

第11章　「つながりの豊かさ」の可視化による社会生産性の向上

―鳥取県「つながりの豊かさ」可視化プロジェクト

社会生産性を高めるソーシャル・キャピタル

私たちが生活を営む社会（＝ソーシャル）は、人と人の「つながり」が連鎖したネットワークによって成り立っている。

この「つながり」のネットワークが幾重にも重なっている社会の中で、人々はお互いに影響し合いながら、豊かさや幸福感を追求している。また、そのネットワークができるだけ良い方向に機能するように、様々な制度や決まりごとなどの社会システムを構築している。

社会をより良い方向へ前進させていくには、ルール等による強制的な方法ではなく、できるだけ人々がお互いに協調し合いながら、自発的に活動する方が、効果的かつ生産性高く、アウトカムを生み出しやすい。こうした主体間の協調活動を左右するのが「ソーシャル・キャピタル」の蓄積である。

ソーシャル・キャピタルは「社会関係資本」と訳されている。人と人がお互いに協力し合うことが繰り返されていくと、人々の間の「つながり」が強まることになる。そして、「つながり」が強まると、そこには他人に対して抱く「信頼」や「お互いさま」といった気持ち、「持ちつ持たれつ」といった関係を表す「互酬性の規範」が醸成され、自発的な協調活動が生まれることになる。こうした、人々の「つながり（＝ソーシャル）」を「資本（＝価値を生み出す源泉）」として考えるのが「ソーシャル・キャピタル」である。

人々の協調活動が自発的かつ活発に行われている状態にあるコミュニティを「ソーシャル・キャピタルがある」と考えることができる。さらに、ソーシャル・キャピタルが高いコミュニティでは、人々が自発的に協力しあい、活発に議論したり、ともに活動をしたりするため、余計なコストや時間をかけることなく、コミュニティの問題を解決したり、価値を生み出すことが可能になると言われる。例えば、長野県では、ほぼ全ての市町村において、住民による保健補導員が設置され、任期の2年間に、保健師や栄養士から健康づくりについて学び、近隣住民を対象とした体操や講義などのサロン活動などを通じて、健康意識を高めるといった活動が昭和２０年代から行われている。県内の約5人に1人の女性が保健補導員を経験し、健康づくりという役割を住民自らが担っているが、こういった組織的な活動をしているのは長野県だけと言われている。お互いに学びあいながら、地域の人と人のつながりを通じて浸透させた地道な活動の成果が、日本一の健康長寿県へと導いたと言える。

フローとストックの好循環によるソーシャル・キャピタルの醸成・蓄積

ただし、「キャピタル（資本）」と名がついているものの、人と人のつながりの蓄積を意味するソーシャル・キャピタルは、目に見える資本ではなく、また、貯めておくことも出来ない。この貯めておくことができない「資本（＝ストック）」を持続的に成り立たせ、価値を生み出す源泉として機能させるには、協調活動（＝フロー）が自発的にかつ継続的に行われていることが重要になる（図表11—1）。

地方創生の生産性とソーシャル・キャピタル

現在、日本の多くの地方自治体は、人口減少社会に直面している。その結果、人々が日常的に集まる場であった小中学校の統廃合や商店などの廃業、行事や祭事などの地域の文化風習の減少、人々が集まる手段であった路線バスなどの公共交通機関の縮小が進み、人々が出会い、交流することや、一緒に取り組む機会が減少する。

すなわち、それは、人々のつながりを生み出していた協調活動（フロー）が減っていくことを

図 11-1　フローとストックの好循環による「ソーシャル・キャピタルの醸成・蓄積

「ストック（資本）」を醸成・蓄積するには、
効果的・持続的にストックを生み出す「フロー（活動）」が必要

➢ ソーシャル・キャピタル(SC：社会関係資本)は、**相互の「信頼」「互酬性の規範」「ネットワーク」**によって、自発的な協調活動（フロー）を促進させる。
その活動が繰り返し行われることで、SCが醸成・蓄積される。

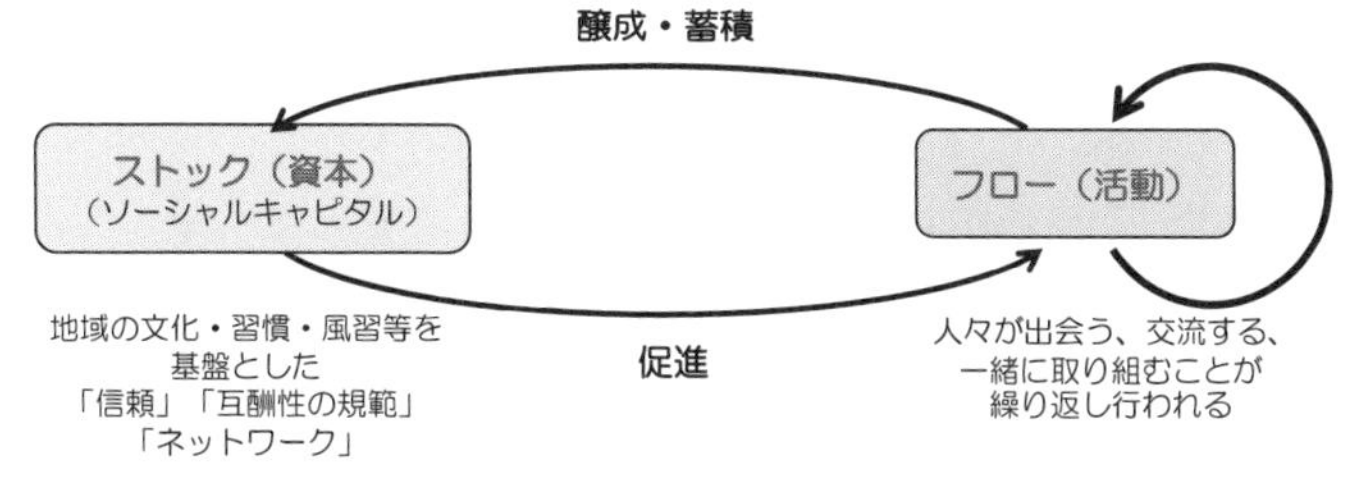

人口減少社会＝人々が出会う・交流する・一緒に取り組む機会が減少
＝活動（フロー）が減少→SCが醸成・蓄積されず劣化

出典：筆者作成

意味しており、ソーシャル・キャピタル（ストック）の醸成・蓄積がされずに、劣化していくことにもなる。

地方創生の推進は、行政機関の活動のみでは限界があり、産官学金労言といった、地域の多様な主体の連携や共創も大切である。

しかし、ソーシャル・キャピタルが劣化していくことはその連携や共創を支える基盤が劣化していくことを意味している。地方創生に関わる、様々な施策の効果を高める（＝生産性を上げる）には、ソーシャル・キャピタルを醸成・蓄積させ続けることが必要であり、そのためには、ソーシャル・キャピタルを巡るフローとストックの好循環の仕組みを維持・向上することが大切になる。言い換えるならば、人々の「つながりの豊かさ」がある地域では、「ソーシャル・キャピタル（ストック）の醸成・蓄積」と「自発的な協調活動（フロー）」の好循環があり、その好循環の持続可能性を高めることで、地方創生の生産性は高まることが期待されることになる。

政策マーケティングの調査手法の活用

「つながりの豊かさ」を可視化し、各種のプロジェクトの結果として、その持続可能性が高まっているかを評価することは、地方創生の生産性を高める観点から、一つの評価軸となり得る。

そこで、慶應義塾大学玉村雅敏研究室では、鳥取県と公共財団法人日本財団の共同プロジェクト（注：鳥取県と日本財団は、２０１５年11月に協定を締結し、２０１６年より共同プロジェクトに取り組んでいる。）の一環として、政策マーケティングの調査手法を活用し、２０１６年度より、鳥取県の「つながりの豊かさ」の可視化に取り組んだ。

政策マーケティングとは、多様な主体による連携や共創が求められる政策領域において、マーケティングの発想や手法を適用することで、多様な主体による「価値を共創する構造（＝市場・マーケット）」を持続的に機能させるという発想である。

政策マーケティングの発想や手法の活用は、日本では、青森県において「県民がより満足した人生を送れる青森県」を実現していくために構築された政策マーケティングシステム構築が端緒をつけたものである。

玉村研究室の支援のもとでは、青森県以外にも、東海市（愛知県）の「東海市まちづくり指標」による地域経営モデル構築、足立区（東京都）の「五反野こども未来ベンチマーク」によるコミュニティ・スクール形成支援、青森市（青森県）の「青森まちなかマーケティング」による中心市街地活性化支援、藤沢市（神奈川県）等での総合計画形成など、全国各地でその発想や手法を用いた実践を展開してきている。また、日本のラグビーコミュニティがもつ共有価値の可視化や、ミュージアムや科学技術、ボランタリー組織等の社会インパクト評価、幸福度評価などにも、その方法が活用されている。また、本書で紹介する、滝沢市（岩手県）の「滝沢ハッピネス」や、能代市（秋田県）の「バスケの街づくり」や浦幌町（北海道）での「コモンズ型学校評価」なども、政策マーケティングの実践ともいえる。

こうした実践では、社会を構成する主体や活動・技術などの新しい結び付き（新結合）を誘引するために、「社会的に期待される価値（＝政策ニーズ、アウトカム）」を可視化し、その実現を持続的に追求する仕組みづくりに、政策マーケティングは活用されている。

この政策マーケティングを推進する際に中核となるのが、関係主体との協働で進める調査プロセスである。具体的には、まず、対象領域の実情や関係主体の実感などについて、各種の調査手法（質問紙調査、グループインタビュー、ワークショップ、対話型調査、参与観察、資料やログの解析など）を組み合わせながら、関係主体と協働で調査・分析を実施し、対象領域の課題やニーズを把握する。

そして、着目する項目を絞り込む、重み付けをする調査をした上で、インパクトマップの検討などを通じて、数値指標を設定し、その現状値を測定する。

さらに、その指標の改善や向上を促すよう、指標などを用いた関係主体との現状共有や、その協働活動の促進支援などに取り組むことを行う。

鳥取県「つながりの豊かさ」可視化プロジェクト

政策マーケティングの調査手法の知見をもとに、慶應義塾大学の調査チームは鳥取県でのフィールドワークを繰り返し実施し、また、県内で活動する団体・組織・行政機関などを対象に、詳細なインタビュー調査を実施した。加えて、新聞や雑誌記事などで、鳥取県のコミュニティや鳥取県で活動する団体や組織について解説されている資料の収集と分析を行った。この調査の過程で、鳥取県では集落や集落生活圏内での住民による自発的な協調活動が非常に活発であることが再認識された。

さらに、その実態を深く調査してみると、従来の自治会や町内会の地縁による取り組みのみならず、多くの地域において、既存の住民のつながりを基盤にしつつも、Ｕ・Ｉ・Ｊターン等で定住した住民も、地域の一員として積極的に関わり、試行錯誤しながら、ともに地域づくりに取り組んでいる「自発的な協調活動」が盛んであるといった、「開かれた」地域コミュニティが機能している可能性が高いことも明らかになってきた。いわば、従来からの住民と、新たに定住した住民とが交流し、一緒に取り組むことが繰り返し行われることによって、ソーシャル・キャピタルが醸成・蓄積される仕組みが機能している可能性がある状況であった。

この仮説を元に、インタビュー調査等で収集した発言をもとに、「つながりの豊かさ」の源泉となる要素として581発言を抽出した上で、鳥取県内の各地で行われている地域活動において現れている「現象（Fact）」と、その現象が起こる構造を「要因（Cause）」のロジックで整理・分析をする「Fact-Cause分析」を行った。

さらにそこから、鳥取県におけるつながりの豊かさを生み出す源泉となる要素（＝「鳥取のつながり要因」）として42項目を抽出し、マトリックスへの分類による分析を経て33項目を把握した。さらに、「ボランティア活動動機」と「ボランティア継続動機」の既存研究を参考に項目の欠落の検証と、マトリックスを設定した際に空欄となる領域の検証として、581発言の内容を再分析し、最終的に「鳥取のつながり要因」として合計60項目を設定した（図表11－2）。

そして、この60項目から、鳥取県において特に着目すべき項目を把握するために、

図表11-2　鳥取県「つながり要因」（60項目）

■つながり要因マトリックス

ビジョン　鳥取県において「つながりの豊かさ」を基盤とする地域活動が継続するには

つながりの醸成条件（ゴール）				愛着・誇り Ⅰ.鳥取の自然や伝統や知恵を大切にし、地域や社会に思い入れが持てること	好き・楽しい Ⅱ好きなこと、楽しいことが尊重されていること	お互いさま Ⅲ.人々が助け合い、出来ることを出来る範囲で協力すること	安心 Ⅳ助けを求めやすく、手を貸してくれる人が身近にいること	気づき・学び Ⅴ.活動することで、新たな気付きや学びが得られること
つながりの醸成プロセス	お互いさまの意識によって生まれる協力関係	自発的な協力	Initiative	43子どもたちに「帰ってこい」と言える地域であること 44がんばる若者を応援すること 45「地域を良くする」気持ちで活動すること 46地域の課題を解決するために自ら行動すること	47失敗を恐れず、まずはやってみようと思える活動であること 48自分や仲間が共に楽しんで活動していること 49やりがいを感じながら活動すること 50自分のやりたいことに取り組めていること	51仲間に頼まれれば、自ら協力すること 52物事がうまく進むように仲間と連携をとること 53地域や社会において、様々な立場で活動をすること	54地域活動に取り組む時に、乗り越えられない困難はないと思うこと 55地域活動において、一人ひとりが大事にされていること 56仲間同士の助け合いが感じられること	57地域の景観がよくなったり、暮らしやすさが実現すること 58地域活動は、自分だけでなく、仲間にとっても必要であること 59地域活動を通じて、自分の成長につながること 60地域活動を通じて、自分のよいところに気がつくこと
	影響し合うことによるお互いさまの意識の醸成	相互に貢献する意識	Synergy	34想いを共有する仲間がいること	35地域や住民にとって良いと思える地域活動があること 36自分以外の人も楽しめる地域活動があること	37周りの人と活動の目的や内容を共有していること	38新しい人や外から来た人など、誰でも受け入れる雰囲気があること 39活動を共にする仲間に支えられていると感じること	40自分が地域や仲間の役に立っていると実感すること 41活動が地域や社会のためになっていること 42活動によって、地域の課題に気づくこと
	参加することで影響し合うこと	社会との関わり	Relationship	21世代の異なる人たちと一緒に活動する機会があること 22親子で参加できる取り組みがあること 23活動を通じて自然や文化、祭事などの地域の魅力を知ること	24無理せずにできることに取り組めること 25地域活動を通じた仲間との交流が楽しいこと	26世代が異なる人たちとも話し合いができる関係であること 27行政と気軽に相談できる関係であること 28必要な時に賛同や協調してくれる仲間がいること	29周りにいつも気にかけて世話を焼いてくれる人がいること 30活動があることで地域に一体感が生まれること 31地域の中で、住民同士のむすびつきや関係が大切にされていること	32活動が地域の人の助けになっていること 33活動を通じて、お互いを尊重する付き合い方を学ぶこと
	自らの考えに従って自発的に参加すること	参加の動機	motivation	8地域の自然を守ることを目的に参加すること 9地域で受け継がる伝統・文化、習慣を守ることを目的に参加すること 10地域や社会に恩返しをすることを目的に参加すること 11地域社会において、みんなで地域活動に取り組むことを重視していること	12地域活動の中に、過去の経験が活きること 13自分が楽しめる地域活動であること	14身近な人が、地域活動を大切だと考えていること 15身近な人が、活動に参加していること	16挑戦するチャンスと、活躍の場があること	17新たな仕事を得るきっかけになること 18経歴を語る上で役に立つこと 19活動に参加すること自体に価値があること 20活動は自分のためになること
	地域や社会に対する自らの考え方	個人の意識	Interest	1自然を感じながら暮らしを営める地域であること 2住んでいて愛着を感じられる地域であること 3伝統・文化、習慣や知恵が受け継がれている地域であること	4気持が満たされる活動ができる地域であること	5地域の人と適度な距離で付き合える地域であること	6知らないことがあれば、教えてくれる人がいる地域であること 7困ったときに周りの人に頼れる地域であること	

60項目を重み付けする質問紙調査を、①県民３０００人、②県内の団体・組織（ＮＰＯ法人、広域的活動団体）３８８組織、③行政担当者（19市町村）を対象に実施した。

その調査結果を用いて、「鳥取のつながり要因」である60項目について「重要度（どれだけ大切だと感じているか）」と「実現度（どれだけ実現できていると感じているか）」を数値化し、縦軸（実現度）、横軸（重要度）とした散布図を描き、値の分布を確認した。この分析により、特に、「重要度が高い」が「実現度が低い」（＝大切だと感じているが、実現できていない）領域にある22項目を着目すべき項目「つながり要因（重点項目）」とした。

さらに、この「つながり要因（重点項目）」の実態を数値として把握するための指標「つながり度」を設定し、測定した。この指標は、インタビュー調査での発言リストから、「つながり要因」に紐づく発言を抽出し、具体的な「行動」「状況」を把握した上で設定したものである。そして、その現状値を測定する質問項目を設定した質問票を作成し、ＮＰＯ法人や広域的地域活動団体などを対象とした調査を実施した。

この「つながりの豊かさ指標」に関する象徴的な活用として、大山町（鳥取県）での取り組みがある。大山町では、「つながりの豊かさ指標」の発想や手法、データを活かして、さらなる調査を行い、大山町10地区に設立されている住民組織である地域自主組織の活動において、住民同士のつながりが維持され、地域活動が活発に行われることが持続可能になっているかを検証している。

【参考文献・出典】

鳥取県×日本財団 共同プロジェクト（http://totnf.jp/index.html）

今村晴彦・園田紫乃・金子郁容「コミュニティのちから―遠慮がちなソーシャル・キャピタルの発見」慶應義塾大学出

版、2010年
玉村雅敏（編著）「社会イノベーションの科学―政策マーケティング・SROI・討論型世論調査」勁草書房、2014年

第12章　データと根拠に基づく「スポーツのまちづくり」

—バスケの街・能代市での評価システム構築

スポーツのまちづくりと地域経営の生産性

ラグビーワールドカップ日本大会や東京オリンピックという国際的なメガスポーツイベントの開催準備をきっかけに、全国各地で、キャンプ地の誘致活動など、スポーツのチカラを地域活性化に活かすトレンドが盛んになっている。

また、こういったトレンドよりも前から、全国各地で、スポーツをまちづくりの「手段」として捉え、スポーツの有する多様な機能を活用して、政策的に地域活性化を図ってきている自治体も数多く存在する。例えば、釜石市（岩手県）は「ラグビーのまち」として知られ、ラグビーワールドカップの開催地にもなったが、その基盤には、地域クラブでありながら代表選手が所属するレベルのチームである「釜石シーウェイブスＲＦＣ」を地域あげて育て、また、その選手・スタッフが東日本大震災時にまちなかで救援活動を行い、復興のシンボルとして地域で大きな存在感を発揮するなど、地域とスポーツがともに影響し合ってきている。

また、有名選手を多数輩出するスキージャンプの下川町（北海道）、大人から子どもまで町民が専用球場でフィールドホッケーに親しむ岩手町（岩手県）など、全国には数多くの「スポーツのまち」が存在している。「スポーツのまちづくり」において核となるのは、プロスポーツクラブや全国レベルでの強豪チームの存在、スタジアム、イベント施設、合宿拠点、地域密着のスポーツ活動など、地域によってさまざまである。

しかしながら、「スポーツのまち」を掲げるものの、「競技振興」を進める政策の発展として捉えたものも多く、また、学校スポーツを中心に、競技力の強化や育成を中心に取り組まれているケースも少なくない。

スポーツには、地域での協働や参加のきっかけづくりとなることや、ともに取り組むことや応援すること・支えることを通じて、コミュニティの共感や感動を生み出すことなど、まちづくりの基盤となるチカラも持ち合わせている。そういったチカラを醸成していき、社会関係資本（ソーシャル・キャピタル）を高めることで、結果として、地域経営の生産性に好影響を与える可能性もあり得る。

バスケの街・能代市の挑戦

本稿では、競技振興のみを目的としない、行政と市民が協働して推進する「スポーツのまちづくり」として、筆者（岩月・玉村）が２０１０年度から助言や支援を行ってきている、能代市（秋田県）の「バスケの街づくり」を取り上げる。

能代市は、58度の全国優勝（高校総体、国体、ウインターカップ）を誇る、全国的に有名な県立能代工業高校男子バスケットボール部（以下：能代工業バスケ部　注：能代工業高等学校は、２０２１年より、能代西高校と統合し、能代科学技術高校として新たに開設される。）があり、多くの選手や指導者を輩出していることから「バスケの街」の由来になっている。

能代市の「バスケの街づくり」は、１９８９年度に、ふるさと創生事業の一環として「バスケの街づくり」事業がスタートした。前年の１９８８年から全国から強豪校が集まり、第４の全国大会といわれる能代カップが開催されており、公園等にバスケリングの設置やモニュメントの設置が行われた。施設整備としては、１９９５年に能代市総合体育館の建設、１９９６年には宿泊施設を完備した複合施設である能代山本地区スポーツリゾート「アリナス」を建設されるなど、インフラ整備が行われていった。また、バスケに関連した看板や街路灯、商品開発などが取り組まれていった。

２００３年度には10年計画である「新バスケの街のしろ推進計画」が策定された。これは、２００６年３月の能代市と二ツ井町の合併後も引き継がれ、小学生のミニバスケットの交流大会や指導者講習会に加え、バスケ関連のシャッターアートなどが取り組まれてきた。

２００８年に市の最上位計画である総合計画が策定されたことを機に、２０１１年に新計画である「能代市バスケの街づくり推進計画」が策定され、さまざまな活動を通じてバスケの街づくりが推進されている。

推進時の課題と新計画の策定

能代市では、２０１１年７月から11月にかけて、市民30名、協働パートナーとしての行政関係者７名および事務局５名、筆者らのアドバイザーからなる推進会議を設置し、計５回のワークショップを中心に、能代市における「バスケの街」の検討を行った。

まず、従来の「バスケの街づくり」推進における課題を検証したところ、①計画を推進していく上でのゴールや主体・役割が明確でないこと ②新規活動への心理的・予算的なハードルが高いこと ③人手不足や人的ネットワークがないため取り組みにつながらないこと ④工程や期限が設けられていないため実行に至りにくいことがあげられた。

そこで、「バスケの街」の成果（アウトカム）の構造化を行うこと、具体的な実践に繋がる体制構築を行うことを重視した検討を行った。

成果の構造化においては、まず、計画の柱となる「スポーツのまち」の成立条件として、経済的効果（地域活力の視点）、社会的効果（市民文化の視点）、競技的効果（競技力・競技の魅力・価値向上の視点）の三つを設定した。そして、それぞれの効果を上げていくことを主題に、三つの分科会を設置し、実施主体になっていくことが想定される方を中心に検討を行った。

その際の意見集約から構造化をする過程においては、

図表12-1　能代市「バスケの街づくり」におけるロジックモデル

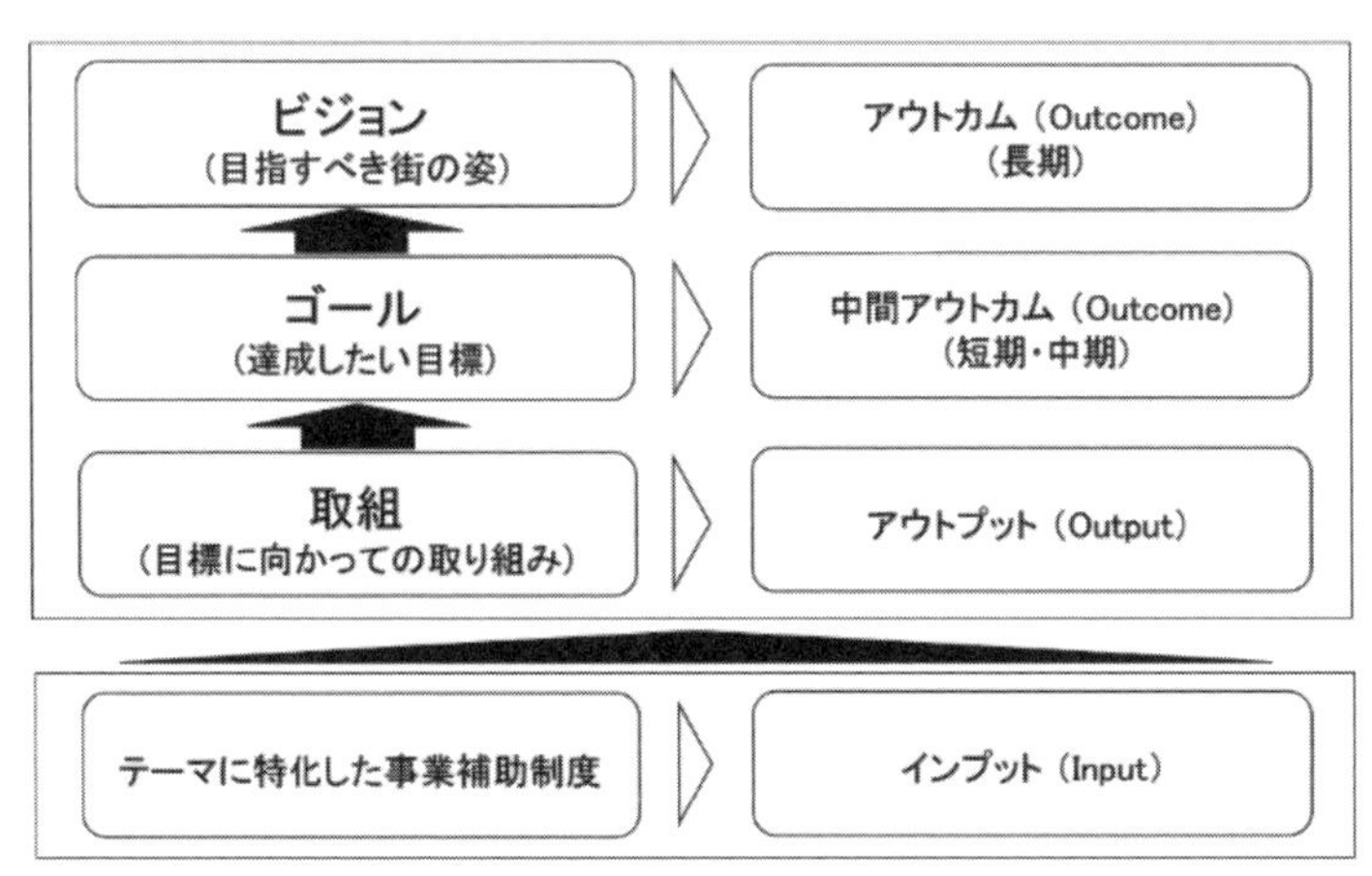

出典：筆者作成

ロジックモデル（図表12―1）を意識し、まちづくりの「ビジョン（目指すべき街の姿）」「ゴール（達成したい目標）」「取組（目標に向かっての取り組み）」の３層で検討した（図12―1）。また、検討の際には、実施主体や役割分担を明確にすることや、取組を短期（３年）―中期（６年）―長期（10年）の時間軸と実現可能性の２つの軸を元に整理をすることも行った。

推進体制の検討

組織や制度といった推進体制を検討するために、計画策定と並行して、主に市内で活動するバスケの街づくりと親和性のあると考えられる団体に質問紙調査を実施し、計画推進のために必要な条件の把握を行った。特に、まちづくり事業は多様な担い手によって行われるため、多様な担い手による事業推進に必要な条件（支援制度や仕組みなど）を把握した。

その結果、事業・活動資金の支援、推進組織（実行委員会）の設置、行政の担当機能強化、人材交流や市民ネットワーク

図表 12–2　バスケの街づくり推進計画体系図（概要）

出典：能代市バスケの街づくり推進計画

の整備、対外的な情報発信の充実、競技に触れる環境の整備といった点が挙げられた。

これらを踏まえて、推進体制においては「組織」「場」「仕組み」を重要視することとした。


推進するための「組織」：行政の機能強化と推進委員会の設置

事業推進や窓口機能の強化として、バスケの街づくり専任の担当職員が配置され、各部署との連携を充実させた。

さらに、計画の推進・点検を行う組織として推進委員会が設置された。十数名の委員（任期2年）によって活動が行われている。推進委員会は、①計画の推進（計画内容の周知、実践サポートの検討）②計画推進状況の点検（指標と推進実態の把握）③計画推進の方策検討（ＰＲ戦略の検討と実施）が主な役割となっている。


街なかの新たな「場」の創出：能代バスケミュージアム

２０１２年５月、能代市の中心市街地に「能代バスケミュージアム」が開設された（注：２０２０年6月に移転、リニューアルオープン。床面積が3倍になり展示が拡充。所蔵品は1万点を超える）。ここには、バスケの街づくり担当、および委託の職員2名が常駐している。

国内外の貴重なバスケットボールに関する書籍や各種資料が所蔵され、開設当初、約８００点であった資料数は、２０１５年３月末時点で、７６８５点まで増えている（書籍＝４４８５点、その他＝３２００点）。これらは主に、市内外のバスケ愛好者をはじめとする個人や、能代工業関係者、Ｂリーグの秋田ノーザンハピネッツといったチームから提供を受けたものである。

展示品数が増えたため、ミュージアム内での展示だけでなく、地域のお祭りやイベントへの出張展示が可能となり、市民に向けたＰＲや、市外でのシティプロモーションに活用されている。

新たな活動支援の「仕組み」：バスケの街づくり市民チャレンジ事業補助金制度

バスケの街づくりに、市民・民間が主体的に関わっていくための助成制度である「バスケの街づくり市民チャレンジ事業補助金」が創設された。助成対象は市内外の団体・個人であり、上限10万円で、２０１２年度からの４年間で27件が採択され、商品開発やバスケ関連のイベントなど多岐に渡る様々な事業が行われてきている。

データと根拠に基づく「スポーツのまちづくり」

バスケの街づくりの成果指標として、「①バスケの街を他に誇れると思うか（関心度）」「②バスケを楽しめる環境があると思うか（愛着度）」「③バスケの街づくりに関わりたいと思うか（関与度）」の３つを設定し、その実態を市民意識調査で5段階の尺度として把握している。

これらの指標に加えて、推進委員会が実感をもって検証できるように、取り組みを通じて変動する観測可能な指標をＫＰＩ（Key Performance Indicator: 重要業績評価指標）として設定している。

具体的には、バスケの街づくりの「ゴール」について、次の指標を設定している。

1　本物のバスケに触れられること↓能代カップの観客数
2　バスケで誰でも集えること↓バスケミュージアムの来館者数
3　バスケで地域が潤えること↓バスケの街ロゴマーク使用の登録数

4　バスケが街なかで感じられること→街なかで目にするバスケに関連するものの数

能代市では、計画策定以降、バスケの街づくり関連で各種メディア等に取り上げられた、新たな取組は70件を超える。これらは、推進委員会の委員に加えて、数多くの協力者のネットワークが形成されて行われてきた活動である。

スポーツのまちづくりの基盤となる「つながりのネットワーク」

バスケミュージアムがコミュニティスペースとして役割を果たしていることもあり、人と人とがつながる機会が増え、徐々にネットワークが形成されてきている。

また、バスケ関連のイベントのほかに、一般のイベントにおいてもバスケの要素を取り入れる機会も増えてきている。

２０１６年には、バスケの街づくりの推進、競技の振興、青少年の育成などを相互に連携・協力して行っていくことを目的として、Bリーグ（B1＝一部所属）の秋田ノーザンハピネッツと協定を締結した。

持続的な「スポーツのまちづくり」には、推進主体の連携体制の構築が課題となる。

新潟県十日町市など、いくつの自治体では、行政組織と（スポーツや観光産業に関連する）民間企業、スポーツ団体が連携し、地域におけるスポーツ振興や、スポーツツーリズムの推進に取り組む組織として「スポーツコミッション」の組織が設立され、活動を行うといったトレンドもみられる。

こういった推進組織や連携体制などが核となり、様々な活動が充実していくことで、スポーツ活動に従事する競技関係者と、まちづくりの関係者が共同で活動する機会が充実していくことになる。

その結果、地域の基盤となる「つながりのネットワーク」が強まっていき、スポーツとまちづくりの両面での好影響が期待できることとなる。

【出典】

岩月基洋・松橋崇史・玉村雅敏・金子郁容・加賀谷覚「スポーツのまちづくりにおける推進計画策定の手法開発―秋田県能代市「バスケの街づくり推進計画」を事例に―」地域活性研究５、２０１４年３月

岩月基洋・松橋崇史・玉村雅敏「スポーツの街づくりと地域活性化の成果と課題：秋田県能代市「バスケの街づくり」を事例に」地域活性学会研究大会論文集７、２０１５年９月

【参考文献・引用文献】

堀繁・木田悟・薄井充裕（編）「スポーツで地域をつくる」東京大学出版会、２００７

木田悟・高橋義雄・藤口光紀（編）「スポーツで地域を拓く」東京大学出版会、２０１３

第13章　コミュニティで取り組む学校教育の共有価値づくり
―浦幌町における「コモンズ型学校評価」の実践

コミュニティで取り組む学校づくり

学校・子供・家庭・地域が連携して、子供の課題をともに考え、その改善にともに取り組むことで、学校は地域にとってより良い場所となる可能性がある。２００７年に文部科学省によって学校評価が義務化され、全国の学校で学校の質を改善するための評価が実施されて14年が経とうとしている。

学校は子供や保護者のコミュニティ、そして地域コミュニティとともに影響し合いながら成り立っている。その多様なニーズや直面している状況に対応するために、継続的に改善し、個々の子供への成長に対する願いが寄せられる場でもある。

学校が持続的な改善に向かうには、学校だけの自助努力に期待するだけではなく、学校教育に関わる人々が、ともによりよい状況を実現するためにともに取り組むコミュニティの一員としての当事者意識を持ちながら関わることで、より学校教育の質が高まることが期待できる。

学校が子どもにとって良い場所であってほしいという願いは、保護者や地域、そして学校教員にとって共通のものである。しかし、実際には学校教員からは「保護者からなかなか協力を得ることができない」という声がしばし聞かれる一方で、保護者からは学校不信の声が絶えない。地域にとってみても、「学校のために何かしたい」という思いが実ることはなかなかまれなことである。現状を打破するために学校の教員に一層活躍することを期待しても、学校はさらに疲弊していくことにもなりやすい。

お互いに協力関係を築くことができれば、子どもにとって良い教育活動が期待できるが、実はどう協力をすればいいか、何をすればよいのか、その関わり方がわかりにくく、協力する上でなんらかの障壁がある状況にある。

この状況を評価プロセスによって改善する一つのアプローチとして、筆者（木幡・玉村）らは、「コモンズ型学校評価」というコンセプトで、これまで、三鷹市（東京都）や大槌町（岩手県）など、全国各地で学校・行政と実践研究を行ってきており、地域において機能するものとなっている。

本書では、浦幌町（北海道）での実践を取り上げ、評価を軸にして協働関係を整理・構築してきたプロセスを解説する。

教育の改善を町全体で取組む浦幌町

浦幌町は北海道東南部に位置する、人口約５０００人の町である。２０１５年度より、町内二つの中学校区が、小中一貫型のコミュニティ・スクール（学園）となっている。

コミュニティ・スクールとは、学校と保護者・地域等の委員から構成される学校運営協議会が、学校の運営に関してアイデアや意見を出し合いながら、協働によって学校を改善するための制度（学校運営協議会制度）であり、これまで全国で9788校（2020年7月）が指定され、導入率は27・2％となっている。

浦幌町では、学校、家庭、NPO、近隣の教育大学、地域有志など多様な担い手が学校に関わりながら、学校行事や町のイベントを行ってきた。浦幌町の子供たちが企画・提案した商品が町の企業によって実現し販売されるということもあった。

地域や保護者の多くの担い手が学校と関わりを続ける中で、成果がある一方で、いくつか課題も見えてきた。「やりっ放し」のイベントではなく、継続して何を目標にすればよいか、という意見や、子供たちに求められているものは何か、どんな成果があがっているのか、という意見もあった。つまり、目標や成果を確認しながら子供たちとの関わり方を改善していくということである。

そこで、筆者らが支援をしながら、関連するコミュニティの関係者がどのような課題を実感しているのかを地域協働で把握していき、その状況を整理した上で、目標や成果を確認・共有しながら、多様な実践活動を支える仕組みづくりに取り組むこととなった。具体的には以下のステップで進めていった。

(1) 学校教育の担い手の設定

浦幌町では学校を中心としたコミュニティを想定し、これまでの学校教育の活動に関わる担い手を整理した。まず、小中学校の教職員、子供、家庭を担い手として位置付けた。家庭については、小中のPTAからワークショップ参加や意見の取りまとめの協力を得ることとなった。

地域の担い手は、浦幌の地域の現状や経緯を知っている人、これまで何らかの学校支援活動に携わった経験のある組織や団体などである。浦幌町では、前述の通り、ＮＰＯや地域有志による学校教育への支援活動が以前より活発に行われており、学校教育への協力を得やすい人的・組織的環境があった

(2) 目指す子ども像の設定

(1)の担い手を意識しながら、浦幌学園を構成する浦幌小学校・厚内小学校・浦幌中学校の校長・教頭が中心となり、各学校の教育目標や学校経営計画を振り返った上で、浦幌町の子供たちにとっての目指す姿についての意見交換を行った。

学校教育の基本的な視点から「知」「徳」「体」という観点や、浦幌という地域への愛着や想いを持ちながら成長してほしいという考えが活発に議論された。

結果として、浦幌学園が目指す子ども像として、「自ら考える人（知：学力定着および向上面の課題群）」「思いやりのある人（徳：自己肯定感や他者受容感を高める課題群）」「たくましい人（体：身体的健康、基本的生活習慣を身につけるための課題群）」「未来を拓く人（地域への愛着：家庭や地域との協働によって、地域を愛する教育を行うための課題群）」の四つが設定された。

(3) 町の子供に対する「気づき」の把握

日頃から町の子供と接している担い手は、日頃から何を感じているのか、多様な視点からの「気づき」を引き出すことに取り組んだ。

この「気づき」は、当事者だからこそ持っている子供の教育に関わる情報である。浦幌町では、「最近子供を褒めたこと」や「最近子供を注意したこと」などのテーマを設定して、町の子供についての気づきの情報を共有するためのワークショップを実施した。

２０１５年９月に小中学校の全教職員によるワークショップを実施し、小中教職員を交えた九つのグループを編成した。また、それを受け、教職員ワークショップと併せて、保護者や地域の意見交換を行うワークショップも実施した。筆者が支援した同様のアプローチを行う場合、地域によっては、教職員・保護者・地域が同時に実施することもあるが、浦幌町の場合は、教職員が主体的に家庭や地域との取組を推進したいという意向から、教職員向けワークショップでの結果を踏まえた後に、保護者・地域ワークショップを実施することとなった。

２０１５年10月に、保護者・地域ワークショップを実施し、保護者（各校ＰＴＡ役員）、地域（コミュニティ・スクール委員）から参加を得て、８グループによる情報共有を行った。さらに、子供の気づきをまとめるにあたり、小・中学校の児童会・生徒会に所属している子供たちに集まってもらい、ワークショプを実施した。

(4) 担い手ごとに気づきを集約

教職員グループ、家庭・地域グループのまとめの模造紙と付箋をそれぞれ分解し、一つのシートに整理した。教職員グループからは約４４０の付箋による発言、保護者・地域グループからは約３２０の付箋による発言を得た。また、生徒会・児童会グループからは、約１００の付箋による発言を得た。

この発言を基に目指す子供像に照らし合わせながら整理した。教職員グループの発言を12の課題、子供の発言を10の課題、家庭の発言を14の課題、地域の発言を8の課題として整理しなおした。

(5) 教員・保護者調査による課題候補の選定

集約された気づきから、協働で取り組む「課題」として取り上げる項目を検討するにあたり、教職員および保護者グループから意見を得るための調査を行った。

小学校および中学校教職員に対し、具体的に課題候補を推進する場合に、実際にどのような指導上の工夫や体制づくりが可能か、自由記述形式で調査を行った。

また、全ての保護者に対して、保護者がまとめた12の課題の中でのニーズの重み付けのための質問紙調査を行った。

重み付けにあたっては、重要度・実現度分析を実施し、ニーズの数値を測定した。例えば、保護者にとって最もニーズが高い項目は、①子供が家庭学習に集中できるような環境（場所・時間）を作ること ②子供のゲームや携帯・スマホの利用ルールを決めること ③子供が身だしなみや身の回りの整理整頓ができるようにすること、となった

(6) 学校の課題としての設定

アンケート調査結果を踏まえ、コミュニティ・スクール委員会において、課題の最終的な精査のための意見交換会を実施した。

意見交換会には、教職員・家庭・地域が参加し、特に、「学校でやるべきこと」「家庭がやるべきこと」「子供本人がやるべきこと」といった課題について意見交換が行われた。この意見交換を踏まえ、最終的に課題群

を精査しまとめた（図表13―1）。

(7) 現状の数値的な把握と評価・改善

課題に関する実態を把握するために、まず、小中学校全ての家庭を対象とした実現度調査を実施し、それぞれの項目についての肯定的な評価の割合を分析した。この数値は、検討時の基準となり、今後、数値目標を定める上での参考データとなるものである。

また、小中学校全ての児童・生徒を対象とした実現度調査も実施し、それぞれの項目について、学年間の比較ができる方式で実現度の比較を行った。この数値の落ち込みのある学年や学年進行による変化の数値を参考にしながら、今後の指導や声がけの改善を検討することを想定している。

図表 13-1　課題の一覧

浦幌学園「目指す子ども像」	学校での取組	子どもの取組	家庭での取組	地域での取組
自ら考える人 ~想像力と好奇心を育む学び~	1. 子どもが探究心を持って挑戦する授業づくり 2. 子どもが時間とルールを守る必要性を考え、けじめのある集団生活を送る態度を育てる	1. 家で勉強できる環境を作り、時間を決めて家庭学習する 2. ゲームやケータイ・スマホ等の利用ルールを決める	1. 子どもが家庭学習に集中できるような環境(時間・場所)をつくる 2. （小）忘れ物がないように、学校の配布物や準備物を一緒に確認する 3. ゲームやケータイ・スマホ等の利用ルールを決める	1. 授業に関わる地域の人財として学校を支援する 2. 放課後や長期休業中に子どもたちが学べる環境を作る
思いやりのある人 ~互いを認め合い、貢献する心~	1. あいさつと礼儀を重んじる態度を育てる 2. 周囲や人のために行動できる人を育む 3. 学校生活のルールを理解し、守らせる	1. 自分から進んであいさつをする 2. 互いのことを認め合い、思いやりのある声がけをする	1. 家庭で大人が率先して子どもにあいさつをする 2. 家庭での対話を大切にする	1. 大人が子どもに地域の奉仕活動やあいさつなどの手本を示す 2. 子どもの良い所を探し、褒める
たくましい人 ~あきらめずにやりぬく習慣（意志）と体~	1. あきらめずにやりぬく習慣を身に付ける	1. 目標を持って運動・部活動に取組む 2. 十分な睡眠をとり、三食とる 3. 様々なことにチャレンジし、自ら体験する	1. 生活リズムを整える(睡眠・食事・運動) 2. 家庭で話し合い、毎日できるお手伝いを決め、継続させる 3. 様々なことにチャレンジし、自ら体験する	1. 子どもの体力づくりを促進する交流活動を行う 2. 目的を持って頑張っている子どもたちの応援団になる 3. スポーツ活動への指導者としての支援を行う
未来を拓く人 ~地域との関わりを通して育む生きる力~	1. 地域との関わりから人としての生き方を学ばせる 2. 行事を通して成長を促す	1. 交通ルールやマナーを考え、守る 2. ボランティア活動・地域行事に参加する	1. 学校行事・地域行事に参加する 2. 交通ルールや社会のルールを守って行動できるようにする	1. ふるさと浦幌の良さを子どもと共に学ぶ 2. 子どもにとって安全・安心な地域を作る 3. 子どもが家の外で遊べる場をつくる
推進方策・評価方法	・学園・学校経営計画への位置付け ・自己評価・授業アンケート等での検証	・児童会・生徒会等の活動、授業での具体的取組 ・学校生活アンケート等での検証	・PTAや保護者組織での声がけなど ・保護者アンケート等での確認	・CS委員会等での活動への位置付け ・CSを軸とした活動検証

出典：浦幌学園アクションプラン

教職員の視点からは、宿題の出し方の工夫や授業と宿題の関連性の重視などの意見があり、また家庭の視点では、小学校での習慣づくりという意見が得られた。

また、保護者の懸念事項の一つとして挙げられている、一日あたりの携帯電話（スマートフォン）やパソコンなどのディスプレイ利用時間についても調査したところ、一日３時間以上ディスプレイ利用に時間を費やす層が、小学校３年生段階から３割程度存在していることが明らかになった。さらに、家庭での利用ルールの存在について聞いたところ、保護者へのアンケートでは約６割が「家庭でルールを決めている」と答えたが、子供へのアンケート結果からは、特に中学校段階でルールそのものが子供に認識されていない傾向があることが明らかになった。

こういった検討を通じて、課題の共有と関係者の問題認識が高まっていき、協働での改善に取り組むことになった。例えば、ワークショップから得られた課題の一つである、「スマホ・ゲーム機使用の統一ルール」について、学校が中心となってルールづくりを行い、２０１６年11月に町として宣言をした。

２０１６年７月に家庭でルールがあると答えた子供は約47％であったが、12月の調査では59％に改善し、家庭や学校で実際に取り組まれていることが示された。

浦幌町では、これまでに解説した調査・分析などのプロセスを経て、地域の協働体制や課題の共有化などが実現してきた。

この課題に取り組む協働体制を基盤に、様々な数値について、アンケート結果を元に年度ごとの検証を行い、学校評価を実施する際の基本的な検証データとして活用しながら、実際の改善活動も推進していく予定である。

経年の変化を捉えることで、特定の学年集団の学年進行による変化を捉える視点と、特定の学年の落ち込みなどを発見する視点を持つことができる。これらの視点を持つことによって、より検証の精度を向上させることができることとなっている。

こうした課題の検証を次年度の学校経営計画へ反映させることで、担い手の参加意識と改善の意欲が高まることを期待している。

[初出一覧]

本書は、時事通信社『地方行政』にて連載をした「自治体経営の生産性改革（玉村雅敏・他）（２０１５年６月～２０１７年４月）」の内容をもとに加筆・修正をしたものである。詳細は以下の通りである。

はじめに

玉村雅敏「「生産性改革の時代」の自治体経営―持続的な改善や試行錯誤を促す経営システムの構築」『地方行政』（時事通信社、２０１７年４月６日）を加筆・修正して転載。

第1章

玉村雅敏・長瀬光市・門口徹・向田正隆「総合計画を核とした自治体経営のトータルシステム化―合併後に肥大化した天草市の行政システムの改革」『地方行政』（時事通信社、２０１５年10月１５日）

玉村雅敏・長瀬光市・塩先敏彦・平山高広・中川淳子・向田正隆「自治体経営のトータルシステム構築と運用―天草市における行政システムの年間スケジュール連動化と「３つの改善」」『地方行政』（時事通信社、２０１７年３月16日）を加筆・修正して転載。

第2章

玉村雅敏・長瀬光市・中村昭宏「総合計画の構築・運用を通じた総合的な行政経営システムの実現―まちづくり基本条例を具体化する「鈴鹿市総合計画２０２３」」『地方行政』（時事通信社、２０１６年11月17日）

玉村雅敏・長瀬光市・中村昭宏「総合計画を起点としたトータルシステムの構築―「鈴鹿市総合計画２０２３」の運用を通じた行政経営システム改革」『地方行政』（時事通信社、２０１６年12月８日）を加筆・修正して転載。

第4章

玉村雅敏・長瀬光市「財政規律と政策実現の連動化―財政の裏付けのある「政策の仕様書」としての総合計画」『地方行政』

（時事通信社、２０１５年10月１日）を加筆・修正して転載。

第５章

玉村雅敏・長瀬光市「計画を支える基盤の整備による政策実現の生産性向上―マニフェストと総合計画の連動化」『地方行政』（時事通信社、２０１５年９月10日）を加筆・修正して転載。

第６章

玉村雅敏・長瀬光市・秋葉健二「新総合計画の策定を起点に構築する行政経営システム―市原市における総合計画の条例化と計画群の総合化」『地方行政』（時事通信社、２０１７年１月５日）を加筆・修正して転載。

第７章

玉村雅敏・長瀬光市・門口徹・向田正隆「計画群の総合化によるトータルシステム構築―天草市における総合計画と分野別計画の連動化」『地方行政』（時事通信社、２０１５年11月５日）を加筆・修正して転載。

第９章

玉村雅敏・長瀬光市・高橋武俊「エビデンスに基づく未来予測と戦略検討―「住民自治日本一の滝沢市」の実現へ向けて」『地方行政』（時事通信社、２０１５年７月２日）

玉村雅敏・長瀬光市・熊谷和久「総合計画から構築する自治体経営システム―滝沢市における計画・組織の連動と計画の総合化」『地方行政』（時事通信社、２０１５年７月23日）

玉村雅敏・長瀬光市・熊谷和久「幸福感を育む地域づくりを目指す価値前提の自治体経営―滝沢市における地域経営と行政経営の相乗効果を促すシステム構築」『地方行政』（時事通信社、２０１５年８月６日）

を加筆・修正して転載。

第10章

伊藤健・玉村雅敏・長瀬光市「官民連携の社会イノベーションを創出するプラットフォーム構築―ソーシャル・インパクト・ボンド活用による新機軸の実現」『地方行政』（時事通信社、２０１６年５月19日）

伊藤健・落合千華・玉村雅敏「行政と民間の連携による成果実現の生産性向上―日本におけるソーシャル・インパクト・ボンドの経験蓄積」『地方行政』（時事通信社、２０１６年６月９日）

を加筆・修正して転載。

第11章

稲垣円・玉村雅敏・木田悟史「「つながりの豊かさ」の可視化による社会生産性の向上―鳥取県と日本財団による「ボランティア先進県」の実現を支える評価基盤の構築」『地方行政』（時事通信社、２０１７年３月２日）を加筆・修正して転載。

第12章

岩月基洋・玉村雅敏・加賀谷覚「行政と市民の協働を促す「スポーツのまちづくり」―バスケの街・能代市におけるロジックモデルに基づく計画の策定と推進」『地方行政』（時事通信社、２０１７年１月19日）

岩月基洋・玉村雅敏・加賀谷覚「データと根拠に基づく「スポーツのまちづくり」―バスケの街・能代市での評価システム構築」『地方行政』（時事通信社、２０１７年２月２日）を加筆・修正して転載。

第13章

木幡敬史・玉村雅敏「コミュニティで取り組む学校教育の共有価値づくり―浦幌町における「コモンズ型学校評価」の実践」『地方行政』（時事通信社、２０１７年２月16日）を加筆・修正して転載。

第３章と第８章は新たに書き下ろしたものである。（第３章長瀬光市・玉村雅敏、第８章長瀬光市・玉村雅敏）

［**謝辞**］

本刊行物は慶應義塾大学湘南藤沢キャンパス学術交流支援資金の助成を受けたものです。

［編著者紹介］

玉村雅敏（たまむらまさとし）

慶應義塾大学総合政策学部教授、慶應義塾大学ＳＦＣ研究所所長

慶應義塾大学総合政策学部卒業。同大学院政策・メディア研究科博士課程、千葉商科大学助教授を経て現職。博士（政策・メディア）。地域活性化伝道師（内閣府）、ＪＩＣＡ業績評価アドバイザー、地域力創造アドバイザー（総務省）、天草市・鈴鹿市・市原市・長島町・大崎町・大山町・東川町・壱岐市・鹿児島相互信金庫などのアドバイザーを兼務。専門分野は公共経営、ソーシャルマーケティングなど。

主な著書：『ソーシャルパワーの時代―「つながりのチカラ」が革新する企業と地域の価値共創（ＣＳＶ）戦略』（産学社、２０１６年 編著）、『東川スタイル―人口８０００人のまちが共創する未来の価値基準（スタンダード）』（産学社、２０１６年 編著）、『総合計画の新潮流―自治体経営を支えるトータル・システムの構築』（公人の友社、２０１４年 監修・著）、『社会イノベーションの科学―政策マーケティング・ＳＲＯＩ・討論型世論調査』（勁草書房、２０１４年 編著）、『ソーシャルインパクト―価値共創（ＣＳＶ）が企業・ビジネス・働き方を変える』（産学社、２０１４年 編著）など。

［著者紹介］

長瀬光市（ながせこういち）　慶應義塾大学SFC研究所上席所員、神奈川大学法学部非常勤講師

法政大学工学部建築学科卒業。藤沢市経営企画部長、慶應義塾大学大院政策・メディア研究科特任教授を経て現職。天草市・鈴鹿市・市原市・金ヶ崎町・大木町政策アドバーザー、金ヶ崎町行財政改革委員会会長、相模原市街づくりアドバーザーなどを兼務。専門分野は自治体経営、まちづくりなど。一級建築士。

主な著書：「縮小時代の地域空間マネジメント」（２０２０年）、「地域創生への挑戦」（２０１５年）、「縮小社会再構築」（２０１７年）以上（公人の友社、監修）、「人口減少時代の論点９０」（公人の友社、２０１９年、共著）、「湘南C―X物語」（有隣堂、２０１４年、共著）、「人を呼び込むまちづくり」（ぎょうせい、２０１３年、共著）など。

高橋武俊（たかはしたけし）　慶應義塾大学SFC研究所上席所員、株式会社乃村工藝社NOMLAB―UXプランナー

慶應義塾大学大学院政策・メディア研究科修士課程修了。茅ヶ崎市景観まちづくりアドバイザー、同市景観審議会審議委員。執筆時は慶應義塾大学大学院政策・メディア研究科特任講師。長年携わる藤沢市鵠沼地区、茅ヶ崎市松風台団地のまちづくりは、住宅地再生・まちなみ育成のモデルとして住宅生産振興財団住まいのまちなみコンクールで表彰（２００９、２０１６）。専門分野はまちづくり、マーケティング。

伊藤健（いとうけん）　慶應義塾大学SFC研究所上席所員

米国 Thunderbird Global School of Management にて経営学修士課程を修了後、GE International を経て２０１０年より慶應義塾大学大学院政策・メディア研究科特任助教、２０１６年より２０２０年まで特任講師を務める。主に社会的インパクト評価を中心に研究し、２０１５年内閣府「共助社会づくり懇談会　社会的インパクト評価検討 WG」委員会主査を務める。特定非営利活動法人ソーシャルバリュージャパン代表理事。

落合千華（おちあいちか）慶應義塾大学大学院政策・メディア研究科研究員
慶應義塾大学大学院理工学研究科修士課程修了後、メーカーでの研究職、経営コンサルタントを経て現職。２０１５年より社会的インパクト・マネジメントを通した行政と企業、ＮＰＯの官民連携、ＣＳＶや新規事業立上げ支援等に携わる。特に芸術文化と子どもの教育、コミュニティ活性に関する研究に従事。芸術関係支援基金 Arts United Fund 設立。ケイスリー株式会社取締役。

稲垣円（いながきみつ）慶應義塾大学大学院政策・メディア研究科特任助教、株式会社第一生命経済研究所調査研究本部ライフデザイン研究部 主任研究員
主な著書：「人生１００年時代の「幸せ戦略」—全国２万人調査からみえる多様なライフデザイン—（ライフデザイン白書２０２０）」（東洋経済新報社、２０１９年、共著）。

岩月基洋（いわつきもとひろ）嘉悦大学経営経済学部准教授、慶應義塾大学ＳＦＣ研究所上席所員
慶應義塾大学環境情報学部卒業。同大学院政策・メディア研究科博士課程を経て現職。能代市バスケの街づくりアドバイザー、氷見市ハンドボールを核としたまちおこし推進協議会委員長。
専門はスポーツマネジメント、スポーツ経営。
主な著書：「スポーツまちづくりの教科書」（青弓社、２０１９年 共著）。

木幡敬史（こわたたかし）嘉悦大学ビジネス創造学部教授、慶應義塾大学ＳＦＣ研究所上席所員
慶應義塾大学政策・メディア研究科博士課程修了。博士（政策・メディア）。
専門は、教育政策、評価情報デザイン。
福島県富岡町出身。

自治体経営の生産性改革

―総合計画によるトータルシステム構築と価値共創の仕組みづくり―

2021年2月15日　第1版第1刷発行

編　著　　玉村雅敏
発行人　　武内英晴
発行所　　公人の友社
〒112-0002　東京都文京区小石川5-26-8
TEL 03-3811-5701　FAX 03-3811-5795
e-mail: info@koujinnotomo.com
http://koujinnotomo.com/
印刷所　　モリモト印刷株式会社

ISBN978-4-87555-857-6